Mulheres na Aviação®

EDIÇÃO PODER DE UMA HISTÓRIA

VOLUME I

Mulheres na Aviação®

EDIÇÃO PODER DE UMA HISTÓRIA

VOLUME I

Copyright© 2024 by Editora Leader
Todos os direitos da primeira edição são reservados à Editora Leader.

CEO e Editora-chefe:	Andréia Roma
Revisão:	Editora Leader
Capa:	Editora Leader
Projeto gráfico e editoração:	Editora Leader
Suporte editorial:	Lais Assis
Livrarias e distribuidores:	Liliana Araújo
Artes e mídias:	Equipe Leader
Diretor financeiro:	Alessandro Roma

Dados Internacionais de Catalogação na Publicação (CIP)

M922   Mulheres na aviação : edição poder de uma história, vol. 1 / coordenadoras con-
1. ed.   vidadas Ana Laura Rebello, Arenda Freitas de Oliveira, Tatiane de Araujo Mendonça; idealizadora do livro Andréia Roma. – 1.ed. – São Paulo : Editora Leader,
2024. (Série mulheres / coordenadoras Andréia Roma, Tania Moura ; 1)
304 p.; 15,5 x 23 cm. – (Série mulheres/coordenadora Andréia Roma).

Várias autoras
ISBN: 978-85-5474-238-6

1. Aviação – Brasil – História. 2. Carreira profissional – Desenvolvimento. 3. Mulheres na aviação. 4. Mulheres – Biografia. 5. Mulheres – Histórias de vidas. I. Rebello, Ana Laura. II. Oliveira, Arenda Freitas de. III. Mendonça, Tatiane de Araujo. IV. Roma, Andréia. V. Moura, Tania

10-2024/121   CDD 629.13

Índices para catálogo sistemático:
1. Mulheres na aviação   629.13

Bibliotecária responsável: Aline Graziele Benitez CRB-1/3129

2024
Editora Leader Ltda.
Rua João Aires, 149
Jardim Bandeirantes – São Paulo – SP
Contatos:
Tel.: (11) 95967-9456
contato@editoraleader.com.br | www.editoraleader.com.br

A Editora Leader, pioneira na busca pela igualdade de gênero, vem traçando suas diretrizes em atendimento à Agenda 2030 – plano de Ação Global proposto pela ONU (Organização das Nações Unidas) –, que é composta por 17 Objetivos de Desenvolvimento Sustentável (ODS) e 169 metas que incentivam a adoção de ações para erradicação da pobreza, proteção ambiental e promoção da vida digna no planeta, garantindo que as pessoas, em todos os lugares, possam desfrutar de paz e prosperidade.

A Série Mulheres, dirigida pela CEO da Editora Leader, Andréia Roma, tem como objetivo transformar histórias reais – de mulheres reais – em autobiografias inspiracionais, cases e aulas práticas. Os relatos das autoras, além de inspiradores, demonstram a possibilidade da participação plena e efetiva das mulheres no mercado. A ação está alinhada com o ODS 5, que trata da igualdade de gênero e empoderamento de todas as mulheres e meninas e sua comunicação fortalece a abertura de oportunidades para a liderança em todos os níveis de tomada de decisão na vida política, econômica e pública.

CONHEÇA O SELO EDITORIAL SÉRIE MULHERES

Somos referência no Brasil em iniciativas Femininas no Mundo Editorial

A Série Mulheres é um projeto registrado em mais de 170 países! A Série Mulheres apresenta mulheres inspiradoras, que assumiram seu protagonismo para o mundo e reconheceram o poder das suas histórias, cases e metodologias criados ao longo de suas trajetórias. Toda mulher tem uma história!
Toda mulher um dia já foi uma menina. Toda menina já se inspirou em uma mulher. Mãe, professora, babá, dançarina, médica, jornalista, cantora, astronauta, aeromoça, atleta, engenheira. E de sonho em sonho sua trajetória foi sendo construída. Acertos e erros, desafios, dilemas, receios, estratégias, conquistas e celebrações.

O que é o Selo Editorial Série Mulheres?

A Série Mulheres é um Selo criado pela Editora Leader e está registrada em mais de 170 países, com a missão de destacar publicações de mulheres de várias áreas, tanto em livros autorais como coletivos. O projeto nasceu dez anos atrás, no coração da editora Andréia Roma, e já se destaca com vários lançamentos. Em 2015 lançamos o livro "Mulheres Inspiradoras", e a seguir vieram outros, por exemplo: "Mulheres do Marketing", "Mulheres Antes e Depois dos 50", seguidos por "Mulheres do RH", "Mulheres no Seguro", "Mulheres no Varejo", "Mulheres no Direito", "Mulheres nas Finanças", obras que têm como foco transformar histórias reais em autobiografias inspiracionais, cases e metodologias de mulheres que se diferenciam em sua área de atuação. Além de ter abrangência nacional e internacional, trata-se de um trabalho pioneiro e exclusivo no Brasil e no mundo. Todos os títulos lançados através desta Série são de propriedade intelectual da Editora Leader, ou seja, não há no Brasil nenhum livro com título igual aos que lançamos nesta coleção. Além dos títulos, registramos todo conceito do projeto, protegendo a ideia criada e apresentada no mercado.

A Série tem como idealizadora Andréia Roma, CEO da Editora Leader, que vem criando iniciativas importantes como esta ao longo dos anos, e como coordenadora Tania Moura. No ano de 2020 Tania aceitou o convite não só para coordenar o livro "Mulheres do RH", mas também a Série Mulheres, trazendo com ela sua expertise no mundo corporativo e seu olhar humano para as relações. Tania é especialista em Gente & Gestão, palestrante e conselheira em várias empresas. A Série Mulheres também conta com a especialista em Direito dra. Adriana Nascimento, coordenadora jurídica dos direitos autorais da Série Mulheres, além de apoiadores como Sandra Martinelli – presidente executiva da ABA e embaixadora da Série Mulheres, e também Renato Fiocchi – CEO do Grupo Gestão RH. Contamos ainda com o apoio de Claudia Cohn, Geovana Donella, Dani Verdugo, Cristina Reis, Isabel Azevedo, Elaine Póvoas, Jandaraci Araujo, Louise Freire, Vânia Íris, Milena Danielski, Susana Jabra.

Série Mulheres, um Selo que representará a marca mais importante, que é você, Mulher!

Você, mulher, agora tem um espaço só seu para registrar sua voz e levar isso ao mundo, inspirando e encorajando mais e mais mulheres.

Acesse o QRCode e preencha a Ficha da Editora Leader.
Este é o momento para você nos contar um pouco de sua história e área em que gostaria de publicar.

Qual o propósito do Selo Editorial Série Mulheres?
É apresentar autobiografias, metodologias, *cases* e outros temas, de mulheres do mundo corporativo e outros segmentos, com o objetivo de inspirar outras mulheres e homens a buscarem a buscarem o sucesso em suas carreiras ou em suas áreas de atuação, além de mostrar como é possível atingir o equilíbrio entre a vida pessoal e profissional, registrando e marcando sua geração através do seu conhecimento em forma de livro.

A ideia geral é convidar mulheres de diversas áreas a assumirem o protagonismo de suas próprias histórias e levar isso ao mundo, inspirando e encorajando cada vez mais e mais mulheres a irem em busca de seus sonhos, porque todas são capazes de alcançá-los.

Programa Série Mulheres na tv
Um programa de mulher para mulher idealizado pela CEO da Editora Leader, Andréia Roma, que aborda diversos temas com inovação e qualidade, sendo estas as palavras-chave que norteiam os projetos da Editora Leader. Seguindo esse conceito, Andréia, apresentadora do Programa Série Mulheres, entrevista mulheres de várias áreas com foco na transformação e empreendedorismo feminino em diversos segmentos.

A TV Corporativa Gestão RH abraçou a ideia de ter em seus diversos quadros o Programa Série Mulheres. O CEO da Gestão RH, Renato Fiochi, acolheu o projeto com muito carinho.

A TV, que conta atualmente com 153 mil assinantes, é um canal de *streaming* com conteúdos diversos voltados à Gestão de Pessoas, Diversidade, Inclusão, Transformação Digital, Soluções, Universo RH, entre outros temas relacionados às organizações e a todo o mercado.

Além do programa gravado Série Mulheres na TV Corporativa Gestão RH, você ainda pode contar com um programa de *lives* com transmissão ao vivo da Série Mulheres, um espaço reservado todas as quintas-feiras a partir das 17 horas no canal do YouTube da Editora Leader, no qual você pode ver entrevistas ao vivo, com executivas de diversas áreas que participam dos livros da Série Mulheres.

Somos o único Selo Editorial registrado no Brasil e em mais de 170 países que premia mulheres por suas histórias e metodologias com certificado internacional e o troféu Série Mulheres® – Por mais Mulheres na Literatura.

> Assista a Entrega do Troféu Série Mulheres do livro
> **Mulheres nas Finanças®** – volume I
> Edição poder de uma mentoria.
>
> Marque as pessoas ao seu redor com amor, seja exemplo de compaixão.
>
> Da vida nada se leva, mas deixamos uma marca.
>
> Que marca você quer deixar? Pense nisso!
>
> **Série Mulheres – Toda mulher tem uma história!**

> Assista a Entrega do Troféu Série Mulheres do livro **Mulheres no Conselho®** – volume I – Edição poder de uma história.

Próximos Títulos da Série Mulheres®

Conheça alguns dos livros que estamos preparando para lançar: • Mulheres no Previdenciário® • Mulheres no Direito de Família® • Mulheres no Transporte® • Mulheres na Indústria® • Mulheres na Aviação® • Mulheres na Política® • Mulheres na Comunicação® e muito mais.

Se você tem um projeto com mulheres, apresente para nós.

Qualquer obra com verossimilhança, reproduzida como no Selo Editorial Série Mulheres, pode ser considerada plágio e sua retirada do mercado. Escolha para sua ideia uma Editora séria. Evite manchar sua reputação com projetos não registrados semelhantes ao que fazemos. A seriedade e ética nos elevam ao sucesso.

Alguns dos Títulos do Selo Editorial Série Mulheres® já publicados pela Editora Leader:

Lembramos que todas as capas são criadas por artistas e designers.

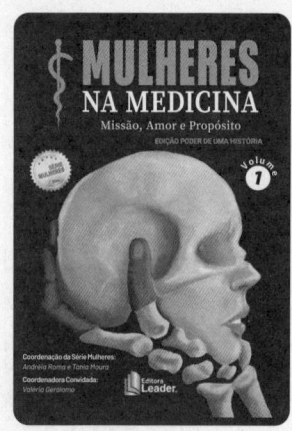

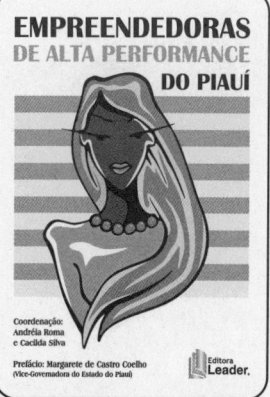

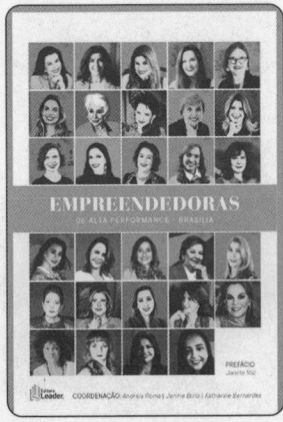

SOBRE A METODOLOGIA DA SÉRIE MULHERES®

A Série Mulheres trabalha com duas metodologias
"A primeira é a Série Mulheres – Poder de uma História: nesta metodologia orientamos mulheres a escreverem uma autobiografia inspiracional, valorizando suas histórias.

A segunda é a Série Mulheres Poder de uma Mentoria: com esta metodologia orientamos mulheres a produzirem uma aula prática sobre sua área e setor, destacando seu nicho e aprendizado.

Imagine se aos 20 anos de idade tivéssemos a oportunidade de ler livros como estes!

Como editora, meu propósito com a Série é apresentar autobiografias, metodologias, cases e outros temas, de mulheres do mundo corporativo e outros segmentos, com o objetivo de inspirar outras mulheres a buscarem ser suas melhores versões e realizarem seus sonhos, em suas áreas de atuação, além de mostrar como é possível atingir o equilíbrio entre a vida pessoal e profissional, registrando e marcando sua geração através do seu conhecimento em forma de livro. Serão imperdíveis os títulos publicados pela Série Mulheres!

Um Selo que representará a marca mais importante que é você, Mulher!"

Andréia Roma – CEO da Editora Leader

CÓDIGO DE ÉTICA
DO SELO EDITORIAL
SÉRIE MULHERES®

Acesse o QRCode e confira

Nota da Editora

É com imensa alegria e orgulho que apresento **"Mulheres na Aviação® – Edição Poder de uma História, volume I"**, uma obra que voa alto ao trazer para o papel as trajetórias inspiradoras de mulheres que têm desbravado os céus e deixado sua marca na história da aviação. Este livro é um tributo a todas as mulheres que, com coragem, determinação e paixão, transformaram seus sonhos em realidade, abrindo caminhos e quebrando barreiras em uma área que por muito tempo foi considerada exclusivamente masculina.

A aviação é um campo desafiador, que exige preparo, resiliência e, acima de tudo, o desejo de ultrapassar limites. As mulheres que integram esta obra não só superaram desafios, como também se tornaram referências, inspirando outras a seguirem em busca de seus sonhos. Cada relato é uma janela para um mundo de possibilidades, mostrando que, com esforço e dedicação, é possível conquistar o que parecia inalcançável.

Quero expressar minha gratidão e reconhecimento às coordenadoras convidadas, **Tatiane Mendonça, Arenda Freitas de Oliveira e Ana Laura Rebello**, que, com seu talento e comprometimento, foram fundamentais para a realização deste projeto. E, claro, um agradecimento especial a cada coautora que compartilhou sua jornada, enchendo estas páginas com histórias que refletem coragem, superação e a paixão pelo voo.

Também queremos agradecer à empresa **Timbro** por apoiar nossa causa e destacar sua logomarca na contracapa deste livro. A Timbro marcou seu compromisso com a equidade ao contribuir para esta obra, reforçando a importância de mais mulheres na literatura e, principalmente, na aviação. Sua parceria é um símbolo de apoio e incentivo para que histórias como estas continuem sendo contadas e valorizadas.

Que este livro inspire as mulheres que já fazem parte da aviação, assim como as jovens que sonham em voar alto, mostrando que o céu não é o limite, mas apenas o começo. Que cada história seja uma luz para iluminar o caminho daquelas que ainda estão buscando seus próprios horizontes.

Para conhecer mais sobre a nossa causa e mergulhar em outras histórias inspiradoras, acesse www.seriemulheres.com

Toda mulher tem uma história para contar e asas para voar!

Andréia Roma
Idealizadora do livro e
Coordenadora do Selo Editorial Série Mulheres®

Introdução

A História das Mulheres na Aviação: Voando Alto e Abrindo Caminhos

O Selo Editorial Série Mulheres® apresenta o livro Mulheres na Aviação® – Volume I, concebido pela Editora Leader. Esta obra faz parte da Edição Poder de uma História, que se propõe a homenagear as trajetórias inspiradoras de mulheres que fizeram e fazem a diferença em suas áreas. No caso deste volume, a história da aviação é entrelaçada com as conquistas das pioneiras que ousaram desafiar as normas e abrir novos caminhos na aviação em diversas áreas.

A capa deste livro é mais do que uma simples ilustração; ela serve como um convite para o leitor embarcar em uma jornada pela determinação, coragem e conquistas dessas mulheres extraordinárias através de suas histórias. O olhar firme da mulher retratada na capa nos transporta a um tempo em que as normas eram desafiadas, abrindo caminho para uma trajetória marcada pela excelência e pela bravura.

O fundo, em tons de vermelho e verde, não apenas cativa o olhar, mas também simboliza a força interior das pioneiras da aviação. O céu vasto e imenso ao fundo representa o horizonte inexplorado que essas mulheres ousaram conquistar. Aviões antigos presentes no cenário testemunham a evolução gradual e constante das mulheres no setor, reforçando a importância de cada conquista ao longo do tempo.

A história das mulheres na aviação é marcada por coragem, determinação e pioneirismo. Desde o início, elas enfrentaram preconceitos e barreiras sociais, desafiando as normas impostas e lutando por um espaço em um setor predominantemente masculino. Das primeiras aviadoras, como Amelia Earhart, que ousou cruzar o Atlântico sozinha, às mulheres que hoje comandam grandes aeronaves e lideram em diversas frentes do setor aéreo, o caminho foi repleto de desafios, mas também de grandes vitórias.

Ao longo dos anos, essas mulheres conquistaram os céus e mudaram a percepção do papel feminino na sociedade, provando que a capacidade de voar vai muito além de controlar uma máquina: é sobre liderança, inovação, resiliência e determinação. Elas abriram portas e derrubaram estigmas, inspirando futuras gerações a seguir seus passos nas mais diversas áreas da aviação.

Neste livro Mulheres na Aviação® - Volume I, as coautoras convidadas estão dando voz a todas essas mulheres ao redor do mundo que contribuíram e continuam contribuindo para a evolução da aviação. Cada história contada aqui representa uma homenagem a essas pioneiras e às novas gerações que mantêm o legado vivo. Com suas narrativas, essas autoras destacam, além dos avanços tecnológicos e profissionais, também as jornadas emocionais e pessoais que tornaram possível cada conquista.

Mais do que contar histórias individuais, este livro unifica as vozes de mulheres que, com suas trajetórias, representam a força e a perseverança de todas que ousaram sonhar e voar. Cada coautora traz à tona ensinamentos práticos e lições de vida, oferecendo ao leitor uma visão profunda do que significa ser mulher em um setor tão exigente e desafiador como a aviação.

Ao dar voz a essas experiências, o livro celebra a história de todas as mulheres que ajudaram a construir um céu mais igualitário e inclusivo para as futuras gerações de aviadoras.

A capa, criada pela artista convidada Valci Spinola, é uma homenagem visual a todas as mulheres que ajudaram a escrever a história da aviação com suas próprias asas.

Ana Laura Rebello
Coordenadora convidada

Arenda Freitas de Oliveira
Coordenadora convidada

Tatiane de Araujo Mendonça
Coordenadora convidada

Sumário

O Início 30
Arenda Freitas de Oliveira

Paixão pela aviação 44
Tatiane de Araujo Mendonça

A vida é uma viagem de avião 58
Adriana Farias

História de família 70
Ana Paula Lanciano

Voando com coragem: minha história na aviação 78
Carolina Trancucci Martins

A jornada entre viagens e carreira 90
Claudia Conceição Soares

Cuidado com o que você deseja, pois o seu desejo pode se tornar realidade 102
    Cristiane Dart

A força das escolhas: uma jornada de coragem e determinação 114
    Daniela Fantinati

Transformando desafios em conquistas 124
    Doris Costa

Aviação: Dinâmico, Desafiador e Apaixonante 138
    Juliana Pareschi

O poder da representação e da maternidade 148
    Juliana Pavão

A espera na calçada 162
    Lilia Coura

Povoada, assim eu sou! 172
    Lisie Adriana

Do sonho à realidade 182
    Marcela Anicézio

A rota que escolhi é a perfeita para mim 194
    Marcia Pesce Gomes da Costa

A CIF (crachá) Nº1 da GOL Linhas Aéreas 204
    Maria de Nazaré Guimarães Sousa

Voo 1 – 1º Destino – Check In – Congonhas 218
    Priscila de Lorenzo A. Monjaraz

Cada tijolinho na construção da minha jornada: uma história de determinação e oportunidades 230
Raquel Sacramento

Aviação! Um mundo que parece fácil, mas é bem complexo!..242
Rebecca Ann Meadows

Contadora de histórias, apaixonada pela aviação..............254
Valdenise Menezes

Um voo em busca da minha história 264
Virgínia Gabriel Sousa Pereira

História da CEO da Editora Leader e idealizadora da Série Mulheres® 274
Andréia Roma

O Início

Arenda Freitas de Oliveira

Bacharel em Turismo pela Universidade Federal do Paraná, pós-graduada em Segurança de Aviação pelo Instituto Tecnológico de Aeronáutica (ITA) e certificada em gerenciamento de projetos pela Stanford University. Possui 20 anos de experiência na aviação. Foi analista de Mercado na Gol Linhas Aéreas, coordenadora em investida do banco BTG Pactual, coordenadora sênior de Projetos na LATAM Airlines, gerente na Amadeus, gerente sênior na Sita e atualmente é diretora de Contas para Cias Aéreas na Sabre Corporation, multinacional de soluções tecnológicas na indústria do Turismo. Viagens a trabalho sempre fizeram parte de sua rotina profissional e, entre trabalhos e passeios, já visitou 90 países – para muitos deles de maneira solo.

LINKEDIN

      Arenda. Nome incomum, com complemento de sobrenomes corriqueiros no Norte do país (Freitas de Oliveira), onde nasci. Aliás, este foi o ponto de partida de meu primeiro deslocamento territorial. Com apenas um ano de idade, "sofri" a migração inicial da vida, acompanhando meus pais naquela aventura. No voo Belém – São Paulo de 1º de janeiro de 1984, o trauma inaugural: perdi a chupeta, que jamais seria recuperada, segundo minha mãe. Foi minha estreia na máxima (bastante verdadeira) de que para mudar é preciso deixar algo para trás.

      Sobre minha vida de viajante, não posso dizer que fui pioneira na família. Meu avô iniciou o desbravamento familiar no Brasil, em viagens a trabalho e mudanças propriamente ditas, desde os anos 60. Ele foi gerente comercial Norte/Nordeste da Lista Telefônica (lembram-se dela?) e certamente nos transmitiu que, para conquistar espaços maiores, basta não temer fronteiras. Meu pai e tios rapidamente fizeram de várias cidades brasileiras seus lares. Como eu, então, poderia ter saído diferente?

      Aos 42 anos, meu mapa de cortiça, na parede da sala, já soma 90 alfinetes: um para cada país visitado graças ao meu trabalho na Indústria do Transporte Aéreo. Hoje resido em São Paulo capital, já tendo também vivido em Videira, Santa

Catarina, Curitiba, Paraná, São José dos Campos, São Paulo, e Santiago do Chile.

Assim, deslocamentos sempre fizeram parte de minha vida. Neles, o modal aéreo foi o que mais me despertou curiosidade e interesse. E segue assim.

O despertar e os primeiros passos acadêmicos

Foi em abril de 1996 a primeira vez em que saí do Brasil: uma excursão da escola aos Jogos da Juventude Salesiana, de 11 dias, em Catânia, na Itália (com um *tour* em Roma também), em que vi minha vida mudar para sempre! Aquela viagem me fez ter a certeza de que gostaria de ter uma profissão com a qual eu pudesse conhecer o mundo. Filha de médico e professora, matriculada em escola tradicional da zona norte de São Paulo, imaginem o susto e o receio deles quando decidi, aos 15 anos, que faria vestibular para Turismo *"O que faz esse profissional, Arenda? Vai viver do quê?"* – minha mãe dizia, inconformada.

Não foi muito fácil, mas acabei tendo o apoio deles para em 2004 me tornar uma bacharel em Turismo (ou turismóloga) pela universidade onde encontrei as maiores e inspiradoras figuras desbravadoras do globo terrestre: a Federal do Paraná. Fiz grandes amigos de vida por lá. Tive veteranos como o Waldemar Niclevicz - o primeiro brasileiro a chegar ao topo do Everest –, o que me motivou a sobrevoá-lo numa grande aventura, em 2014, para comemorar meus dez anos de Aviação.

Na UFPR, a grade de Turismo permite cursar a ênfase, no último ano de graduação, em Transportes. E eu escolhi o Aéreo para minha pesquisa e realização do TCC – Trabalho de Conclusão de Curso. Assim, no 4º e derradeiro ano, me deparei, em minhas pesquisas, com uma pós-graduação em Segurança de Voo no respeitado ITA – Instituto Tecnológico de Aeronáutica. Fiz a prova de admissão, passei e cursei toda a especialização. Mas somente na formatura foi que descobri que causei estranheza ao entrar em tão conceituada faculdade de Engenharia (a melhor no Brasil e referência mundial) muito nova, aos 22 anos, e egressa da área de Humanas. Mestres e colegas festejaram muito minha conquista naquele dezembro de 2005 – muitos duvidavam que eu fosse dar conta do conteúdo e obter nota suficiente para me formar com aquela turma. Que bom que eles não me contaram antes. "Não sabendo que era impossível, fui lá e fiz". Realmente me dediquei e vivi aquela fase para os estudos. Deu certo! Aos 23 anos, me formei Especialista em Segurança de Voo pelo ITA; uma baita conquista!

A trajetória profissional

Meu primeiro estágio remunerado, ainda durante a faculdade (2001-2004), foi na TAM Linhas Aéreas. Lá trabalhei como agente de loja, emitindo e reemitindo bilhetes (alguns ainda de forma manual). Da TAM, fui para a GOL, que nascia com o novo conceito de baixo custo - baixo preço e ia muito bem no mercado doméstico no período. Nessa empresa atuei nas áreas de Planejamento de Voos, Segurança Operacional e T.I. E assim se deu minha primeira década no Transporte Aéreo.

Já era 2013 quando ingressei na LATAM Airlines, com uma proposta que era a "minha cara": atender a carteira das 20 maiores corporações mundiais como gerente de Contas. Por mais difíceis que fossem as negociações, eu amava visitar as sedes dos bancos em Wall Street, NY e Canary Wharf, em Londres; as farmacêuticas na Europa, passando até por alimentícia com sede bucólica, cheia de vaquinhas, em Vevey, na Suíça. Ali senti que consolidava minha carreira global. Trabalhei muito para isso! Em 2014, das 52 semanas do ano, viajei corporativamente, para destinos internacionais, em 40!

Em 2015, deixei a área de vendas na LATAM. A última parte da fusão entre LAN e TAM demandava integração sistêmica entre as duas companhias. Veio aí a proposta da expatriação para o Chile. Foi neste projeto, lá em Santiago – capital chilena – que desenvolvi as habilidades e adquiri a experiência para migrar para a função e cargo atuais: nos últimos sete anos (2017-2024) tenho me dedicado a gerenciar a relação comercial entre as cias aéreas no Brasil e as multinacionais de tecnologia dedicadas a Travel (Viagens). Fui gerente de Contas na Amadeus e na SITA, ocupando hoje a posição de diretora de Contas para Empresas Aéreas na Sabre Corporation - onde entendo os desafios e necessidades de meus clientes, realizo alinhamentos internos na minha organização para proposição da melhor solução e a mais aderente a seu perfil e meta. E vejam como o tempo, o trabalho e o foco vão fazendo sentido:

Certificado do 1º curso em sistema Sabre, acervo pessoal

Há mais de 21 anos, este foi meu primeiro curso na Aviação (*Sabre Native* – sistema de reserva), quando ainda era estagiária na TAM.

O acidente

Por ironia do destino, exatos nove meses após minha contratação pela GOL e recém-saída da pós-graduação, fui impactada pelo acidente do Boeing 737-800, Prefixo PR-GTD (novinho!), bem no dia em que completava 24 anos: 29 de setembro de 2006.

Foi um dia de muita garoa em São Paulo, uma sexta-feira. Eu e os colegas de setor saímos para um bar para minha festa de aniversário. Já eram mais de 6 horas da tarde. Mal chegamos ao local e nossos celulares começaram a tocar todos ao mesmo tempo. Havia um avião desaparecido e devíamos ficar atentos a sinais que tivemos poucas horas depois: os destroços do avião haviam sido encontrados no norte do Mato Grosso. Não houve sobreviventes.

Choque, tristeza. Contudo, era preciso manter o foco. A minha meta era claramente executar a reacomodação de passageiros, em massa, no sistema em que eu era a usuária-chave. Passei boa parte do dia seguinte ao acidente na sede da GOL, então na Vila Olímpia – zona sul de Sul de São Paulo. Depois de muitas horas ali, drenada pelas notícias, pelo vaivém de colegas realizando suas funções de crise e por toda aquela atmosfera de pesar e dor, fui finalmente para casa.

Estava tão exausta que me joguei de roupa e sapato no sofá, e fiquei alguns minutos em silêncio, olhando para o teto, tentando processar todo o ocorrido. Foi aí que dei um pulo e senti o coração disparar: eu havia aprendido nas aulas de Gerenciamento de Crise, no ITA, com a Profa. MSc Tatiana Jordão, que, para desassociar o número do voo acidentado – impresso enormemente nas primeiras páginas de jornais e repetido incansavelmente pela imprensa e público em geral – das operações seguintes na mesma rota e horário dos dias subsequentes, ele deveria ser alterado. Liguei para ela, que prontamente me atendeu e não deu ultimato algum. Sabiamente, começou a me dar os exemplos de gestão para a continuidade de negócios bem-sucedidos de algumas *airlines* pelo mundo. Liguei para meu gerente da época, contei a ele sobre o aprendizado e a conversa com a mestra e ele me disse para prosseguir com a alteração. Chamei imediatamente o CCO (Centro de Controle Operacional) da empresa, que, apesar de estar em meio a uma pressão absurda, seguiu minhas orientações para a troca de numerário daquele voo Manaus-Galeão. Jamais queremos vivenciar uma situação catastrófica, mas nunca foi tão importante estarmos preparados.

Universidade de Stanford, 2011

Gerenciamento de Projetos na Aviação começou um pouco sem querer na minha carreira. Eu era analista júnior na Gol quando fui envolvida na migração do sistema comercial da cia. Naquele tempo, era usuária funcional da área de Scheduling e lá fui eu trabalhar com Gestão de Mudança, Integração, Escopo, Tempo, Comunicação, Riscos, etc. Ainda não sabia que faria disso um direcionador de carreira, dado que ainda era 2006.

Pouco tempo depois, migrava para a área de Soluções de Negócios para gerenciar... projetos! Obviamente tive de me dedicar bastante para entender aquele novo contexto. Ia avançando empolgada na nova função, até que a inquietude dos 20 e poucos anos surgiu com a curiosidade de ver o mundo fora daquela indústria.

Bens de consumo e varejo farmacêutico foram meus novos horizontes. Mas ainda faltava descobrir um celeiro onde se pudesse discutir projetos não somente como regras, mas como Inovação, Transformação, Inspiração. Após não muito tempo de pesquisa, cheguei ao SAPM (*Stanford Advanced Project Management*), que parecia agregar muitos dos meus anseios de formato e troca. Só que havia um *application* a ser aceito, um dinheiro de investimento que eu não tinha e o deslocamento até os EUA. Teria ao meu lado colegas da Apple, do Google, do Yahoo, do Facebook... E assim foi.

Fui aceita no programa! Era 2011 e eu estava como coordenadora de Projetos na Brasil Pharma, uma das investidas do banco BTG Pactual. Meu chefe me apoiou em tirar das férias cada semana que eu necessitava estar em Palo Alto. Mas e a grana? Foi uma 'mexeção' nas economias lá em casa e passadas de chapéu na família, não vou negar. Todo troco era revertido em um módulo cursado de uma semana a cada seis meses. Meus colegas, mais abastados, de países mais ricos e muitas vezes patrocinados por suas empresas, me perguntavam com estranheza: "Por que você, de tão longe, não aproveita para fazer mais módulos a cada viagem à Califórnia?". A resposta era porque o dinheiro não dava, mas eu saía pela tangente: «Tenho reuniões importantes, tenho de voltar". Ainda assim, só consegui concluir 40% do programa presencialmente. Sim, amarguei 60% do programa online. Era o que tinha e o que dava naquele momento.

Juntava milhas de todos programas de fidelidade - de um voo a trabalho, até do chiclete que se podia comprar com cartão de crédito. Ia pulando de conexão em conexão para chegar ao destino. E foi entre vastas horas imersa em aeroportos e aviões, calculando cada minuto em dólar (esqueci de mencionar que eu ficava em hotéis tipo "Férias Frustradas", ao invés da cara e oficial hospedagem onde ficavam meus colegas – era meio perrengue, mas divertido ao mesmo tempo), que em setembro de 2012, aos 29 anos – quase 30 –, subi em mais um montão de voos para discursar e pegar o canudo. E este foi um dos melhores dias da minha vida!

Universidade de Stanford, 2012

A expatriação, a maternidade e a Sorbonne

Expatriada no Chile pela LATAM Airlines, em meio a um projeto tecnológico global bastante complexo e liderando uma área desafiadora: foi neste contexto que me descobri grávida.

O que senti não foi realização, nem felicidade, num primeiro momento. O que me acometeu foi uma espécie de pavor. Minha vida, sempre em meio a viagens e desenvolvimento profissional, estava no ritmo e formato que tanto sonhei.

Tentei encarar com determinação os meses de gestação de trabalho, que seguiam intensos. No escritório e nas reuniões, eu até me mantinha firme, mas era ao chegar em casa que meu mundo parecia desmoronar em minha cabeça: não seria mais necessária na indústria em que tanto havia lutado para estar, que correr o mundo seria apenas um saudosa lembrança? 90% dos comentários que me faziam eram em relação a privações, pausas, guinada em prioridades, menos viagens, mais gastos, mais sono e estagnação profissional. "Isso se não te demitirem, né?", me diziam. E eu ouvia tudo com a dor de como se tivesse um punhal no meu peito. "Ah," – seguiam – "mas o bebê dá um sorriso e tudo fica bem, você nem vai lembrar de como era sua vida antes". As pessoas e seus tantos comentários sobre maternidade (num frenético *bullying* coletivo), insistiam em relembrar a posição da mulher imposta pelo patriarcado. Eu a rechaçava e o sistema voltava ainda mais ardiloso: "Então você não ama sua filha?" "Ih, tem algo muito errado com você – vai fazer terapia para reintegrar e não ameaçar as estruturas do maternar. É até feio falar assim; se preserve - vão achar que você não está bem".

Depois de uma gravidez cheia de medo do que seria do meu futuro, dei à luz numa quinta-feira paulistana de muito calor, em 14 de abril de 2016. Lembro-me de ter, já na sala de parto, agradecido a vida cheia de oportunidades que tivera até ali, como se realmente fosse o fim da linha para um de meus papéis: o profissional.

Minha filha nasceu muito pequena. Todavia, contrariando toda a estatística de que bebês pequeninos perdem ainda mais peso e ficam por um fio da internação na UTI, ela e eu nos entendemos já de cara: aquela miudinha mamava quantidades não previstas para seu pouco tempo e porte. Precisei que Clara se mostrasse forte e determinada para que eu reagisse, para eu me provar que podia seguir e que ela não seria um empecilho em minha vida. Longe disso! Eu senti um empoderamento, um amor e uma coragem tão grandes que ali estava decidido que faríamos diferente JUNTAS.

Em sua primeira semana de vida, fiz uma prova para cursar Literatura e Arte francesa na Sorbonne - a mais famosa universidade francesa. Aprovada! Aos 90 dias de Clara, deveríamos voar a Paris. Levei o tema ao pediatra, que de maneira razoável e gentil me questionou sobre a possibilidade de adiar o curso. Óbvio que dava, mas ali eu disse um sonoro não, que saiu da minha alma. Munida de uma lista de recomendações e medicamentos, lá fomos nós: minha mãe ficava no jardim de inverno da universidade ou num café do outro lado da rua enquanto eu estudava. A amamentação ainda era exclusiva e, por incontáveis vezes, a vovó – autorizada pela Sorbonne – adentrava a sala de aula e me chamava. Nós três fomos acolhidas naquela instituição de maneira inesquecível.

No momento da conclusão do curso, pude perceber a comoção quando atravessei o salão para pegar meu certificado. Minha filha em um braço, o canudo no outro. Ali tive a verdadeira certeza de que a transformação interna da qual eu precisava estava concluída. Nada me pararia. E, de fato, não me parou.

Era realmente necessário mover física e psicologicamente uma família para que eu chegasse à conclusão do parágrafo anterior? O senso comum diria que não. MAS SIM – EU PRECISEI.

Universidade de Paris – Sorbonne, 2016)

A Nasa

Estive, em fevereiro de 2019, no Centro Espacial de Houston, no Texas, EUA, ou seja, na NASA (National Aeronautics and Space Administration). Lá participei do SEEC – Space Exploration Educators Conference. O evento é destinado não somente a professores, mas a todos os apoiadores da educação multidisciplinar e de incentivo à pesquisa, tecnologia, ênfase à área de exatas.

O SEEC 2019 contou com uma única presença brasileira naquele ano: a minha. O foco da conferência é reunir educadores do ensino básico de vários países para um despertar diferente: a multidisciplinaridade real entre Astrofísica, Comunicação, Matemática, Artes, Nutrição, Missões em Planetas, e tantos outros temas que podem e devem caminhar juntos, sem silos, na educação. Dentre as atividades destes dias destaco: oficina de alfabetização lúdica simulando a comunicação entre a sala de controle e uma nave espacial (diretamente de onde foi ouvida a célebre frase *"Houston, we have a problem"* – inclusive tivemos palestra com o engenheiro líder desta missão do Apollo 13, Gene Kranz, emocionante!) sobre como planejar e implementar um grupo de robótica em sua comunidade, práticas com engenheiros e astronautas da NASA nos diversos laboratórios do complexo: microgravidade, treinamento de pressão em piscinas, preparação dos alimentos a serem consumidos no espaço, entre outros.

Inscrevi-me como Educadora Informal e deu mais certo do que eu esperava. Fiquei muito contente em trazer este novo olhar para meu entorno e tenho pretensões futuras de fazer algo estruturado, agregando essa e outras vivências. Que esta publicação seja um dos passos rumo a este sonho.

NASA – Houston, 2019

A mensagem

Ter participado do processo de inclusão da classe C na aviação comercial, anteriormente tão elitizada, em meu país, é motivo de enorme orgulho. Meu propósito continua sendo promover o Turismo como atividade socialmente inclusiva e converter todo o potencial de nosso território em desenvolvimento econômico e geração de renda através de políticas sustentáveis com correto investimento. No entanto, muitos planos são colocados sobre a mesa sem o menor embasamento tecnológico. Nossa deficiência estrutural no campo das ciências exatas mina o crescimento não só neste, mas em qualquer outro segmento potencial da nação. É preciso atuar urgentemente desde a educação de base.

E sim, infelizmente, a Aviação ainda é bastante masculina e carregada de preconceitos de gênero (entre outros). Mulheres executivas que tentam ocupar ou já ocupam posições de alta gerência, diretoria, vice-presidência (C-*level*), presidência e conselho têm de desenvolver uma resiliência descomunal. Há momentos em que é preciso impor-se e não há nada de errado com isso. Capacite-se, divulgue suas conquistas e inspire as demais! Você só tem a ganhar junto.

Paixão pela aviação

Tatiane de Araujo Mendonça

Tem 44 anos. Esposa do Marco há 26. Mãe da Nati (hoje com 23) e da Manu (a caminho dos 15). Tutora da Maple, da Pepper e da Cholula, suas doguinhas, e da Brie, sua Lóris. Apaixonada pela vida, e pela leitura, pratica o *lifelong learning* por puro prazer. Mestre em Controladoria e Finanças pela FIPECAFI, formada em Comex pelo Mackenzie, com MBA Internacional pela Embry Riddle, Engenharia Financeira pela FIA e MBA em Neurociência pela PUC. Membro fundadora do W-CFO Brazil e membro atuante do IBEF. Coautora do livro "Mulheres nas Finanças" e coordenadora do livro Mulheres na Aviação. Com quase 25 anos de experiência em Finanças, hoje atua como CFO da ALAGEV, diretora executiva de Finanças no W-CFO e tesoureira na Gol.

LINKEDIN

O início

Foi em uma sessão de terapia que consegui lembrar meu início na aviação. Literalmente meu primeiro emprego. Uma vizinha comentou que havia uma vaga em aberto onde ela trabalhava e pensei: "Por que não ganhar um dinheirinho?" Eu estava terminando o colegial e tinha 17 anos na época.

Fiz a entrevista e tive que correr para tirar a tal carteira de trabalho, e minha mãe foi comigo nessa missão. Final de 97, início de 98 e eu começava como vendedora na loja Barion Presentes, que ficava no saguão do Aeroporto de Congonhas.

Lembro-me de achar todos os produtos um absurdo de caros lá na época e que tudo me deslumbrava! A quantidade de artistas da Globo que eu via, dezenas de fotos e autógrafos, apesar da orientação de não incomodar. Pessoas lindas, chiques, cheirosas, indo e vindo. E a maioria pedia lembranças para os filhos ou familiares que os esperavam em casa. Foi também naquele momento meu primeiro contato com uma maquete de avião.

Vendíamos na loja e recordo-me da emoção quando peguei a primeira nas mãos.

Minha gerente se chamava Silvia e ela era ex-comissária de bordo. Uma pessoa bastante rígida e nada simpática (a princípio) e havia me contado que seu amargor era porque lembrava com saudade de quando voava e era admirada pelos lindos pilotos. Sua carreira tinha terminado quando engravidou de um deles (um Deus do Olimpo, como ela descrevia) e que a havia abandonado quando soube da gravidez. Ela criava o filho sozinha e cuidava da mãe, além de gerenciar a loja. Essa passagem me marcou, porque poucas vezes vi tanta mágoa e tristeza nos olhos de alguém...

Não fiquei muito tempo na loja, porque comecei o cursinho pré-vestibular em março de 98 e não dei conta de estudar todos os dias e trabalhar aos finais de semana, mas foi uma experiência que certamente me marcou.

Depois que saí da Barion para me dedicar aos estudos (sem saber muito bem o que estudaria) não pensei diretamente em nada relacionado à aviação.

Foram dois anos de cursinho e a sensação de estar passando uma massa corrida sobre uma parede de buracos vindos dos "gaps" do ensino público. No final deu tudo certo e lá fui eu cursar Administração de Empresas no Mackenzie.

Paguei a faculdade com facilidade trabalhando no shopping e tive a oportunidade de trabalhar na Ford, onde me apaixonei pelo processo de fabricação e montagem de veículos. Tanto aprendizado valioso em tão pouco tempo! Nunca esqueci o processo de Kanban, a filosofia 5S ou o curso de 6 Sigma.

Autêntica e impetuosa

De lá passei pelo Banco BMC e depois pelo BBM, que, hoje reconheço, foi uma oportunidade de ouro. Eu fazia todas as operações de crédito e tinha todos os benefícios de um banco tão "fancy" que foram 12 (DOZE!) entrevistas para um cargo de analista financeira júnior! Depois entendi que eu era uma das poucas formadas pela tríade Mackenzie/PUC/Faap e o restante das pessoas vinha da USP (Universidade de São Paulo) ou outras faculdades públicas.

Um detalhe de que me recordo com bom humor hoje e reforça a necessidade de sermos autênticos: duas lembranças do processo. A primeira é que, na dinâmica de grupo com os "gênios" que disputavam a vaga, eu me destaquei por resolver de forma rápida e objetiva um problema de lógica "complexo". Em uma das 12 entrevistas, um diretor do BBM entrou falando: "Então é você a jovem que resolveu tão rápido o problema de lógica?" Eu respondi, na minha inocência: "Sim, era daqueles modelos que têm cinco casas com cinco cores e cinco pessoas" e ele voltou com: "Entendi. Mulher se dá melhor com questões de casa". Só muito tempo depois caiu a ficha do machismo implícito no comentário.

A outra lembrança vem da minha impulsividade. Para contextualizar: eu era recém-formada (leia-se: DURA), já tinha uma filha (então, ainda mais dura) e estava no BMC há pouco mais de um ano quando me convidaram para o processo do BBM. Então, para cada uma daquelas 12 entrevistas eu tive que inventar uma boa desculpa para não estar no escritório, além do tempo e custo com deslocamento. Eu não tinha carro e não existia Uber na época. Então eram dois ônibus para chegar do BMC até a Rua Amauri para o processo no BBM. E eu já acreditava que não havia passado, dada a extensão da coisa toda e não estávamos falando de uma vaga para CEO, certo? Então eu meio que perdi a paciência na última entrevista.

Descrevo: eu na sala sentada, esperando para falar com mais uma pessoa superimportante do banco, o cara entra, pega meu CV impresso sobre a mesa e, demonstrando claramente não ter lido com antecedência, faz a mesma pergunta feita pelos seus 11 antecessores: "Muito bem, me fale um pouco sobre a sua experiência". Meu sangue ferveu...

Eu virei bem séria para ele e falei: "Escuta, não me leve a mal, mas eu já respondi isso 11 vezes e meu currículo nem é tão extenso assim. Se você quer saber sobre minha experiência, o currículo à sua frente tem toda a informação que você precisa. Eu trabalho, levo um tempão para chegar aqui, para 12 pessoas diferentes me fazerem a mesma pergunta? Não, por favor, sejamos mais criativos. Me pergunte qualquer outra coisa, minha história, meus *hobbies*, porque acho que vale a pena trabalhar aqui, porque eu não aguento mais responder a mesma coisa".

Lembro-me do olhar incrédulo dele a princípio e depois uma sonora gargalhada. Ele acabou me perguntando sobre a minha vida, meio que para entender de onde vinha aquela postura tão diferente, forte, inadequada e eu saí de lá crente que tinha perdido a vaga.

Ligaram-me no mesmo dia para avisar que eu havia passado. Descobri que a pessoa com a qual eu "explodi" era nada menos que o "head" de todo o comercial, a terceira pessoa mais importante do banco. Hoje certamente eu seria mais cautelosa e menos impetuosa. Será?

Passaporte pro RJ

Mas eu trouxe o BBM à cena porque era um banco tão tradicional que as festas de final de ano eram no Rio de Janeiro, onde ficava a sede. Então, no final daquele ano, todos os funcionários de São Paulo foram para o Rio para a superfesta ao som de J.Quest.

O que poucos sabiam era que se tratava de minha primeira viagem de avião e eu estava ansiosa, feliz e preocupada ao mesmo tempo. Perguntei ao meu namorado na época (porque ele já havia viajado antes) se era necessário passaporte para embarcar. Virou piada interna até hoje.

O frio na barriga com o avião subindo, o olhar fixo na janela e a sensação de liberdade máxima, seguida de outro frio na barriga na descida. Era oficial: eu havia voado!

Avianca e Embry Riddle

Uns dez anos separam esse episódio do meu início na

Avianca como gerente de Tesouraria. Eu havia saído de uma empresa quadrada, machista, preconceituosa e entrava em um mundo inclusivo do qual só tinha ouvido falar, sem nunca ter experimentado. Lembro-me de pensar "mas que lugar colorido e cheio de vida!" Lá as pessoas tinham o direito de ser quem fossem e pouco se falava em ESG nessa época, o que demonstra uma preocupação genuína com a diversidade. Tinha pessoas de cabelo azul, pessoas tatuadas e a maioria delas exibia uma leveza, apesar de trabalharem MUITO.

À parte do desafio gigante diante da Tesouraria, o clima era um dos fatores que mais me encantava. Claro que o dia a dia tinha seus espinhos, e eu já havia trabalhado o suficiente para entender que não existia empresa perfeita, mas, apesar do *stress*, eu tinha autonomia e amava o que fazia.

Com três meses de empresa recebo um e-mail convidando os gestores a participarem do programa Aviation Management, em uma instituição chamada Embry-Riddle, eu fui checar na internet do que se tratava e me interessei de cara! A única questão é que eu estava finalizando meu mestrado em Controladoria e Finanças na época, mas pensei: eu dou conta de agregar um MBA...

Me inscrevi e vi que as aulas seriam 100% em inglês, on-line, com encontros presenciais no Brasil a cada duas semanas e a defesa do TCC aconteceria em Daytona, nos Estados Unidos, onde fica o campus central da universidade. Vi ainda que eles tinham uma vasta gama de cursos preparatórios para a NASA. Com tudo isso, como NÃO tentar? Recordo-me que na inscrição interna se pedia tempo de empresa e estava lá só há três meses, então resolvi colocar só "3". Se o RH me perguntasse eu responderia três meses incríveis e intensos, mas como fui a primeira pessoa da empresa toda a responder, isso não foi um problema. Demonstração real de interesse era o mais importante.

Depois de passar pelo teste de inglês mais difícil da vida, lá fui eu toda pimpona e feliz fazer dois cursos ao mesmo tempo.

Imaginem meu desespero quando via que a carga horária e o volume de leitura exigido para o Embry era similar ao do mestrado. Eu já passava a maior parte dos finais de semana estudando nessa época, mas em um certo domingo, quando enviei a tarefa do mestrado às 22h, tendo estudado o final de semana todo e ainda precisava iniciar a tarefa do Embry, foi a primeira vez na vida que chorei de tanto estudar, de esgotamento físico e intelectual. Terminei o choro, lavei o rosto, o marido me trouxe um café e lá fui eu fazer o que precisava ser feito.

Cursar o MBA em Aviation pelo Embry só fez crescer minha paixão pela aviação. Tantos detalhes, tanta complexidade, tanto a ser considerado nos bastidores que as pessoas não fazem ideia, e o resultado de tudo isso: uma operação segura e eficiente e um serviço que encante o cliente (filosofia da Avianca/OceanAir).

Passar uma semana no *campus* em Daytona e defender minha tese lá foi surreal. Eu acordava e pensava: "Eu tô aqui mesmo? Do Martins Pena (colégio estadual onde estudei) para Daytona?" Parecia um sonho! Nosso grupo (eu, da Avianca, a Camila da Gol, a Cris da Azul e o Dani da Latam) não podia ser mais diverso e complementar. Nosso projeto não só foi aprovado como posteriormente publicado em uma revista nos Estados Unidos com o apoio de uma das pessoas mais brilhantes que já tive o prazer de conhecer: Dra. Leila Halawi, nossa orientadora.

Voltei para o Brasil deslumbrada, feliz, com o sentimento de missão cumprida e com a mala cheia de tudo o que eu pude encontrar escrito Embry-Riddle!

Recuperação judicial

Algum tempo depois do meu retorno, a Avianca enfrenta dificuldades para manter seus pagamentos em dia (fato comum no setor), mas a situação se agrava e, após questões mais sérias com os lessores (arrendadores de aeronaves), a empresa pede

Recuperação Judicial no Brasil para evitar que tomem suas aeronaves. Nesse início do processo nosso CEO saiu e em seguida nosso CFO também foi para outra oportunidade. Com isso, ficamos em Finanças apenas eu e o *controller* para tomar as decisões.

Reuniões diárias com os demais diretores para decidir o que seria pago e, desse caos, descobri uma força imensa para ouvir e organizar as reuniões para sairmos com a informação e com a tomada de decisão necessária para seguir o dia. Lembro que teve de tudo: gritaria, desespero, pancada na mesa e nada disso me abalava a ponto de desfocar da missão de usar o pouco dinheiro que entrava para pagar o essencial, e no final do dia acordávamos juntos quem e o que seria pago.

Houve momentos em que a responsabilidade de CFO interina, algo que eu não havia solicitado, pesava e eu refletia em como a ignorância era uma bênção. Mas isso foi por pouco tempo. Logo o mercado e a empresa toda estavam sabendo.

Foi um período duro, de muito trabalho árduo e doloroso acompanhar tão de perto aquela empresa que tanta gente amava (seja para voar, trabalhar ou ambos) desmoronando aos poucos.

Muita gente me pergunta o porquê de eu não ter entrado com ação judicial para pleitear os R$ 120.000,00 que a empresa ficou me devendo, e a resposta é que eu tenho uma gratidão tão grande pela oportunidade que me deram com o Embry que eu jamais faria isso.

#VOEGOL

E com todo esse furacão ocorrendo, sai o resultado do meu processo seletivo na GOL e sou contratada como gerente de Tesouraria e Riscos. MEU DEUS! ESTOU NA LARANJINHA! Eu não tinha ideia do que viria...

De cara foi fácil sentir o peso maior de uma cadeira de Tesouraria em uma empresa de capital aberto. O nível de responsabilidade que eu tinha era o peso da cadeira de diretor na Avianca. O time era maior também, cerca de 30 pessoas, e o fluxo de caixa mais complexo com que eu já havia me deparado. Tinha ainda o desafio adicional de tocar a parte de Riscos e Derivativos, cuja experiência prévia se resumia ao conceitual acadêmico. Orientada pelo meu CFO, busquei um curso e fiz um MBA em Engenharia Financeira na FIA que ajudou bastante.

Tudo na Gol era maior, mais profundo, mais complexo. Na época, julho de 2019, quase 16.000 funcionários espalhados pelo mundo e toda essa diversidade tendo que ser levada em consideração.

Muitas pessoas com muito tempo de casa e crachás diferenciados para quem completa dez e 20 anos. E não são poucos casos! Como a Gol é a 15ª empresa em que eu entrei, essa realidade me parecia inconcebível.

Outro ponto importante: as pessoas amam trabalhar lá. Pelo menos a maioria delas. O tal Sangue Laranja ou o Time de Águias também é algo quase palpável, tangível. E não estou falando apenas do time executivo não. O sentimento é GERAL. É como se cada colaborador se sentisse um pouco dono do negócio.

Pandemia

Entrei na Gol no meio de 2019, um dos anos mais prósperos para a empresa: recorde de receita, de resultado, pagando os fornecedores em dia. Famoso céu de brigadeiro. Aprendendo muito, me dedicando de verdade a fazer o melhor. Um respiro da loucura da RJ que durou... oito meses.

Fiz 40 anos em fevereiro de 2020 e comemorei com o marido em Paris. Voltamos para o Brasil em março, numa segunda-feira, e no final dessa semana foi decretado *lockdown* na França. As pessoas ainda digerindo as primeiras informações da pandemia. Ainda entendendo se era ou não para usar máscara. Vinte dias depois, *lockdown* no Brasil. De 800 voos por dia, passamos a ter 60. Meu Deus, que furacão é esse? Do nada, todos para casa! *Home office* obrigatório e voltamos à sala de crise: como manter nossas obrigações sem ter receita? O mundo preocupado em como sobreviver física, emocional e economicamente.

O caos e eu na boca do caixa de uma empresa aérea mais uma vez. Negociação com bancos, com contrapartes, com fornecedores, a empresa toda engajada na causa. A Gol não demitiu ninguém, mas ficamos uma época com redução de jornada e salário. E dá-lhe decisão de caixa todos os dias. Monetizam-se as posições de *hedge*? Talvez um respiro?

Nada... Petróleo futuro negativo pela primeira vez. E tome chamada gigante de margem. E mais caos.

O que acalma um pouco a alma é estar 100% do tempo com a família. Situação nova (e feliz) nesse sentido. Inesquecível.

Latam pede Chapter 11. Todo mundo preocupado. Azul e Gol segurando a onda como conseguiam. Na Gol falávamos em travessia no deserto. E atravessamos. Não foi fácil nem indolor, mas conseguimos.

Parafraseando Joseph Klimber, "mas a vida, essa sim, é uma caixinha de surpresas..." Problemas com o Max na Boeing: dois aviões caem e ele é *groundeado* (não pode voar) e a Gol não só tinha alguns desses modelos na frota como havia encomendado outros tantos. Alguém joga um sal grosso aqui, por favor?

Fim do deserto

Passa a pandemia, questões com o Max resolvidas, é necessário fazer a manutenção dos aviões que ficaram parados nos últimos dois anos. E isso é absurdamente caro. Sete milhões de dólares por motor. Haja saída de caixa. Isso porque não falamos do dólar quase em R$ 6,00 e do preço do barril de combustível. De um ticket médio de R$ 350,00 em 2019, chegamos a quase R$ 600,00 em 2023.

As pessoas reclamam do preço alto da passagem porque não fazem ideia da estrutura de custos de uma companhia aérea, em especial no Brasil. E tudo se complica.

Em outubro de 2023, boa notícia, sou promovida a gerente executiva e meu time passa de 26 para 62 pessoas, espalhadas por 18 países além do Brasil. Foi um reconhecimento valioso para mim e me trouxe o gás adicional necessário para o que estava por vir.

Chapter 11

Em 24 de janeiro de 2024 a Gol faz seu pedido oficial de Chapter 11 na Corte dos Estados Unidos e, apesar da consciência de que aquilo ocorreria, quando é oficialmente anunciado, eu sinto como se meu coração parasse de bater por um segundo e um choque percorre todo o meu corpo.

Estou em frente ao computador e fico sem ar. É a memória emocional da RJ da Avianca. Racionalizo, mas a vista fica turva e preciso de água e um chá de camomila que minha cunhada gentilmente me traz. Estou em Itu, interior de São Paulo, com uma vista deslumbrante, local aberto e o ar não vem. Coloco em prática um exercício de respiração do *mindfulness* e volto para a Terra. Tenho que estar bem, forte e com a cabeça no lugar mais do que nunca para ajudar no que for necessário. A situação é distinta da Avianca e minha experiência prévia pode ser muito útil nesse momento.

Pouco tempo depois recebemos um bilhão de dólares na conta e nunca gerenciei tanto dinheiro ao mesmo tempo. São regras adicionais de todos os lados. Da Corte Americana, dos DIP Lenders, do Unsecured Credit Comitee. Levei um tempo para digerir tudo e explicar para a empresa toda como atuaríamos dali para frente.

Em meio a todo esse turbilhão, a Gol lança seu avião com a pintura do Harry Potter e tenho a oportunidade de ir conhecê-lo de perto em nosso centro de manutenção em Confins, Minas Gerais, e entender no detalhe como funciona a operação por lá. Voltei para a sede maravilhada.

Motores, peças enormes na sala de pintura, carcaças de avião sendo minuciosamente analisadas no processo de manutenção, oportunidade de entrar em um avião sem os bancos e entender a importância de cada componente. E haja redundância na questão da segurança. Tudo tão intrigante!

Paixão genuína

São tantos *stakeholders* envolvidos quando se pensa em aviação que talvez seja essa a razão do dinamismo que tanto me encanta e retroalimenta minha paixão pelo setor.

As pessoas perguntam de onde vem tanto amor pela camisa, *headhunters* comentam a dificuldade de levarem bons profissionais para outros desafios e é compreensível. Talvez seja a consciência que cada uma das pessoas, independentemente do cargo ou da área, tenha a respeito da importância e do impacto do seu trabalho.

Sendo o Brasil um país continental sem outras opções de transporte dependendo do lugar a que se precisa ir, isso aumenta a relevância da indústria aérea por aqui.

Longe de dizer que trabalhamos em uma indústria perfeita, se a busca é por um ambiente que lhe desafie diariamente, com regras e padrões e rotinas que não podem deixar de ser seguidos, mas que ao mesmo tempo permitam e demandem autonomia e tomada de decisão rápida, este é o setor para você.

Tem hora para entrar, não tem para sair, mas tem a possibilidade de conhecer o mundo todo na palma da sua mão, entre um "stand by" e uma compra no MyID (onde você acessa as demais companhias aéreas do mundo).

São quase oito anos nesse mundo que ainda me encanta e emociona e uma gratidão eterna por tudo que tenho experimentado e vivido graças a ele. Seja viajar para o Japão nas últimas férias em família, ir representar a empresa em um *roadshow* em Londres, comemorar o aniversário em Paris ou fazer uma reunião presencial com o time na Argentina.

Tudo segue mudando e em 15 de julho de 2024 eu completei pela primeira vez na vida cinco anos na mesma empresa, muito orgulhosa desse fato.

Na coleção já são mais de 40 maquetes de aviões, de diferentes tamanhos, das mais diversas empresas aéreas espalhadas pelo mundo. Da Gol, tenho quase todos. O mais recente adquirido foi o da Monica, resultado da parceria com o grupo Mauricio de Souza. E depois desse lançaram meu atual xodó, o avião do Chico Bento. Esse ainda não tenho, mas fará parte da coleção com certeza.

Até hoje ver um avião na pista, de pertinho, aquela turbina enorme e linda é algo que me emociona. Como eu amo voar e trabalhar na aviação!

Tem muito voo para acontecer ainda e não sei o que o futuro me reserva, mas sigo trabalhando muito e sempre feliz.

A vida é uma viagem de avião

Adriana Farias

Mãe apaixonada pelos filhos, Eduardo e Letícia, razão da sua vida e que a incentivam a ser melhor a cada dia. Apaixonada pelo que faz com dedicação extrema, mais de 22 anos de carreira na área de Contabilidade, Controladoria, Auditoria, Controles Internos e Financeiro em empresas de grande porte nacionais e internacionais, dos segmentos de auditoria, varejo e aviação, sendo 14 anos em posições executivas, com foco em revisão de processos e atingimento de resultados através do desenvolvimento de times de alta performance. Formação acadêmica em Administração de Empresas e Ciências Contábeis, MBA em Finanças, Controladoria e Auditoria e MBA em Finanças com ênfase em Logística. Membra do IBEF-SP, participante dos Comitês de Controladoria e Tributário com certificação de Controller e participação de Comitê de Auditoria de Companhia Aberta.

LINKEDIN

A vida é como uma viagem de avião com algumas paradas... na qual somos o comandante... às vezes temos o céu igual brigadeiro, "que não há perigo nem chateação a vista", o vento está a favor e tudo é perfeito, mas também temos as turbulências sendo "movimento que se caracteriza pela mudança brusca da direção e da velocidade do vento", onde a vida nos mostra que não controlamos tudo e que precisamos encará-las, a única certeza é que todos terão turbulências e que nos trarão algum aprendizado; como iremos utilizar é uma questão de escolhas.

Não podemos ficar muito tempo em AOG ("Aircraft On Ground – quando a aeronave está indisponível para uma operação"), mas essas paradas são necessárias... Deus muitas vezes nos dá uma segunda chance e quando isso acontece precisamos refletir e repensar muitas coisas.

Todos os passageiros do voo são importantes, aprendi muito com cada um, alguns carrego até hoje na minha vida e se tornaram meus AMIGOS/FAMÍLIA, outros nem tanto, mas que mesmo assim tenho de agradecer por terem passado na minha vida, pois aprendi o que não quero ser como pessoa e que não quero essas pessoas no meu círculo de amizades.

Mas o mais importante é que iremos chegar ao destino e queremos chegar bem e ao olhar para trás e ver a viagem, falar para si mesmo: "que orgulho de mim, que história/viagem bonita eu construí e que estou deixando para o mundo". Estou escrevendo este capítulo durante minha viagem/história, que está em andamento e espero que dure por muitos anos, e, assim como uma viagem de avião, sim, tive muito céu de brigadeiro e foi muito bom, mas também muitas turbulências e alguns AOGs, porém o mais importante é que todos os momentos foram importantes e me trouxeram aprendizado. Espero que, lendo minha história, voe junto comigo... não me julgue... talvez você não fizesse o mesmo, mas, se eu puder dar um conselho para cada um, é:

"Não se cobre tanto... não seja tão cruel com você mesma... tente levar a vida de forma mais leve... e acima de tudo acredite em si mesma..."

"Você erra 100% dos chutes que você não dá." – Walt Disney

Sempre que me deparo com uma situação em que tenho receio/medo, lembro-me dessa frase e rapidamente recordo os principais desafios que tive na minha vida e me desafio a tentar...

Não que eu seja uma pessoa que encara as mudanças com facilidade, mas eu aprendi que elas são necessárias para o meu crescimento e se eu continuasse com medo eu não chegaria onde estou.

Como tudo começou...

Para começar a compartilhar a minha história preciso escrever sobre minhas origens... começando passa pela minha infância e a importância de minha família.

Sou Adriana, filha mais velha do seu Benedito e Terezinha, que para a época foram pais "velhos", pois quando nasci meu pai tinha 40 anos e minha mãe 32. Com meu irmão caçula Ulisses formamos uma família que sempre teve como valores ética, responsabilidade, respeito, entre outros.

Sou reflexo de pais super-responsáveis profissionalmente e "workaholics", que muitas vezes colocaram a vida profissional acima de muita coisa. Meu pai trabalhou como tesoureiro por 30 anos em uma empresa onde tirou pouquíssimas férias, saía muito cedo de casa e voltava tarde da noite (para os mais antigos isso é um orgulho) e minha mãe, muito simples, tem apenas ensino fundamental e até hoje, com 75 anos, é ativa e trabalha.

Orgulhar-se de mim

Tive uma infância feliz, com uma família unida sempre frequentando a casa dos avós, tios e primos. Nunca me faltou nada do básico, mas tudo o que tenho foi com muita dedicação e luta. Alguns irão falar que aquilo que tenho hoje foi por SORTE, mas abri mão de muita coisa para ter essa "SORTE", que se reflete na frase abaixo:

> *"Na vida de cada pessoa, há muitos sacrifícios, lutas e escolhas priorizadas. No final vão dizer que foi SORTE e nada mais."*

Se me pedir para escrever uma situação que marcou minha infância, dentre muitas, sempre me lembro desta. Meu pai, apesar do excesso de trabalho, sempre fazia questão de estudar comigo à noite quando chegava, hábito que atualmente mantenho com meu filho Eduardo de oito anos e espero fazer com Letícia, hoje com um ano.

Me lembro que na primeira série a professora pediu para estudarmos a tabuada do 2, porque ela ia fazer "chamada oral" e meu pai comprou um livro sobre a matéria, depois que ele chegou do serviço (após as 20h30), mesmo com sono, ele fez questão de estudar comigo. No dia seguinte na escola eu fui a única que conseguiu responder toda a tabuada sem nenhum erro, a professora ficou muito orgulhosa e eu também, meus amigos de sala ficaram espantados, me parabenizaram e meus pais superfelizes.

Essa situação, que parece até um pouco "boba", pelo que me lembre, foi a primeira vez em que senti muito orgulho de mim mesma, de ter conseguido atingir algo que ninguém tinha conseguido e aprendi que sem esforço e dedicação não alcançaria nada.

Responsabilidade

Minha adolescência foi marcada pelo desligamento do meu pai da empresa quando eu tinha 14 anos, ele continuou trabalhando por oito anos após sua aposentadoria, porém apenas com a aposentadoria ele teve dificuldades financeiras para manter a casa sozinho e, assim, minha mãe voltou ao mercado de trabalho (ela havia parado de trabalhar para cuidar dos filhos) e eu comecei a trabalhar em uma loja de bairro. Eu era a única da classe que trabalhava e com o pouco que ganhava paguei meu primeiro curso de inglês (estudava à noite) e bancava saídas/viagens com meus amigos. Minha madrinha, tia Lú, continuou pagando meus estudos na escola particular até me formar.

Em empresa familiar aprendemos muito, fazemos literalmente de tudo e quando vemos também fazemos parte da família, mas meu sonho profissional era trabalhar em uma grande empresa na área administrativa/financeira como uma importante executiva, sendo assim tracei estratégias para alcançar esse objetivo e comecei cursando técnico de contabilidade no Senac. Então apareceu a oportunidade na área administrativa, em uma produtora francesa aqui no Brasil, empresa familiar assim como meu primeiro emprego.

Para chegar a esse trabalho pegava ônibus extremamente lotado, às 6h30, diariamente, saindo de Interlagos para o Alto de Pinheiros... Fiz amizade com motorista e passageiros que também desciam no ponto final, quando o ônibus chegava eu ia jogando minha bolsa, material e entrava, ficava literalmente esmagada no ônibus por uns 20 minutos até começar a esvaziar.

Nessa convivência diária, começamos a fazer café da manhã no ônibus, era bem divertido e lembro-me desse tempo com carinho, mesmo com a simplicidade de dessa refeição dentro do coletivo. Tudo que passamos na vida pessoal colocamos em prática na vida profissional, e a lição aprendida aqui foi "fazer parcerias".

Em maio de 2020, houve um acontecimento que marcou a vida de todos da minha família, meu pai teve um derrame hemorrágico em casa conosco e antes de sair para o hospital me falou "Cuida das coisas".

Essa frase do meu pai mudou muita coisa na minha vida e eu me vi com 19 anos sendo a responsável pela casa, desde tomar conta da parte financeira, de cuidar da minha mãe e irmão, até decidir o que fazer com os bens do meu pai, enfim, assumir uma família com 19 anos. Meu pai era o "chefe da família" e isso se voltou para mim.

Não vou dizer que foi fácil, mas com a ajuda da família, amigos e vizinhos as dificuldades são superadas com mais facilidade e fica a lição de que não fazemos nada sozinhos, não é possível fazer a entrega de um projeto sozinha, não é possível crescer sozinha, e que dependemos dos outros para nosso desenvolvimento.

Nesse momento teve mudanças na produtora e fui a única que continuou na empresa no setor administrativo/financeiro, com salário bem alto pela minha experiência e idade e a primeira coisa que fiz foi pagar as dívidas da família.

Stephane foi a primeira pessoa da minha vida profissional que confiou em mim cegamente, tinha apenas três meses de empresa e ele pediu para eu ficar e cuidar de tudo. Eu não tinha nenhuma experiência administrativa e tive de descobrir sozinha o que fazer. Meu primeiro grande desafio foi fechar um contrato de câmbio para o dinheiro entrar na conta do Brasil para pagar as contas, inclusive meu salário, e lá fui eu meter as caras. Deus foi colocando pessoas iluminadas na minha vida que me ensinaram a fazer os procedimentos e liberar o dinheiro.

Com esse salário melhor em 2021 entrei na faculdade e fui fazer meu curso de Administração de Empresas na Fecap. Lá fiquei por quatro anos repletos de coisas boas, mas desafiadores, porque saía de casa às 6h20 e voltava à meia-noite, conheci minha grande companheira e amiga Bárbara, fomos muito parceiras e dividíamos os materiais para estudar, pois o dinheiro era contado.

Terminei a faculdade em 2005 e me vi com 25 anos sem nenhum emprego relevante na minha carteira, apenas duas empresas familiares em que eu fazia literalmente tudo, mas que no fundo não me levariam a lugar nenhum. Comecei a me candidatar a vagas de *trainee* até que um dia recebo um e-mail: "Parabéns, seu currículo passou na primeira fase do processo seletivo de *trainee* da Ernst & Young".

Quando vi a mensagem senti um misto de surpresa, porque sinceramente até hoje não me lembro de ter me cadastrado no processo da EY, e frustração, pois quando falam de processo de *trainee* em geral precisam de candidatos com inglês fluente (que eu não tinha) e sinceramente não queria participar para eu não criar expectativas e me decepcionar... Meus grandes incentivadores foram meu irmão e meu namorado (atual esposo), Zeca, que sempre me apoiou e que acredita em mim mais do que eu mesma... e sempre está do meu lado para me ajudar nas decisões que tomo. Eles me colocaram para cima e me incentivaram a participar... e assim fui passando por longas sete fases.

Quando recebi o e-mail da aprovação para auditoria externa foi um misto de alegria, gratidão e felicidade e agarrei todas as chances que me apareceram, fiz minha segunda graduação em Ciências Contábeis, realizei o sonho de intercâmbio de três meses em Vancouver (que já havia tentado antes, não obtendo sucesso devido a visto negado), trabalhei com pessoas que até hoje são referência na minha vida profissional e muitos me acompanham no âmbito pessoal até hoje.

Pelo bom desempenho profissional, sempre fui *rating* de destaque e os gestores que trabalhavam comigo consideraram que eu deveria assumir a posição de sênior e fui promovida duplamente.

Com toda essa responsabilidade e cobrança excessiva, veio também a ansiedade, e foi necessário um AOG, quando fui buscar autoconhecimento, aprender a dizer não, aprender a pedir ajuda quando necessário, esse processo foi essencial para entender meus limites, parar de querer assumir tudo e também dar a responsabilidade que cabia para meus subordinados.

Mudar é necessário

Estava na minha zona de conforto, o céu era de brigadeiro, em uma empresa que amava, trabalhando com pessoas com que tinha excelente relacionamento, sendo elogiada por uma revisão externa do PCAOB, mas daí apareceu a oportunidade que na verdade eu pedia, mas ao mesmo tempo tinha muito medo. Foi o convite para sair da EY e assumir a contabilidade do McDonald´s, fazer essa mudança foi difícil, apesar de já trabalhar isso na terapia há tempos, porém tinha muito medo de sair para o "novo", daí vem a frase do Walt Disney.

Não foi fácil tomar essa decisão, a EY era minha casa, pedi demissão chorando, mas eu precisava conhecer o outro lado, nem preciso dizer que mais uma vez meu irmão e esposo deram um empurrãozinho para eu aceitar. E em março de 2013 aceitei o desafio de ser a gerente contábil do McDonald´s, fui conhecer o outro lado da cadeira e adorei, meus chefes Ivan e Isabela me fizeram ver a contabilidade de uma maneira mais estratégica, segundo essa visão, ela deveria estar do lado de todas as áreas, sendo um *"business partner"*, ajudando os outros departamentos, ensinando o básico da contabilidade e ajudando no planejamento.

Nesse período conheci o maior amor do mundo, em maio de 2015 nasceu meu primogênito, Eduardo, que me ensina muito até hoje.

Foram três anos e meio de muito aprendizado após os quais entendi que meu ciclo estava sendo encerrado e que precisava alçar voos mais altos.

Nessa transição, me deparei com um problema de saúde que nunca pensei em passar com 36 anos, com um filho de um ano, foi meu AOG mais pesado até o momento. Durante um *check up* descobri um câncer de tireoide. Ali parei para refletir como estava cuidando de mim, eu com um exame desde julho e só fui descobrir o que era cinco meses após, então precisei parar e cuidar de mim.

Portas em automático

Após cuidar de mim, e me colocar em primeiro lugar, apareceu o desafio da aviação.

Sinceramente sempre achei o mundo da aviação fascinante, chique, bonito, mas nunca pensei que eu faria parte dessa história.

Desafios, foram muitos, na Avianca comecei a entender o *business* em uma empresa grande, mas familiar, que precisava de profissionalização e demonstrar aos outros a importância de processos e, como como meta, cumprir prazos de emissão de relatórios com qualidade. O clima foi diferente de todas as empresa em que trabalhei, a equipe muito unida na simplicidade de tudo que tínhamos. E mais uma vez meus superiores sempre me deram carta branca.

Apesar de ser um segmento dominado por "homens" nunca tive problemas de machismo, muito pelo contrário, fui representar a empresa em viagem em Dubai onde fui tratada como profissional, independentemente do sexo.

Mas o grande voo foi na Latam, nunca nem nos meus melhores sonhos pensei em sentar-me na cadeira de Controller Latam Brasil, não foi sempre céu de brigadeiro, pelo contrário, no começo era turbulência atrás de turbulência e às vezes questionava minha capacidade de estar sentada naquela posição, mas eu não desisti... Nesse caso foram nove meses de turbulências intensas... e hoje me orgulho de contar a história que escrevi na empresa. Dentro da Latam vivi um dos momentos mais inusitados que nunca pensei em enfrentar, a pandemia do Covid-19, foram meses muitos intensos, com salários pela metade e trabalhando o triplo e passei pelo Chapter 11 na reestruturação financeira.

Nessa turbulência veio o céu de brigadeiro e tive meu segundo maior amor da vida, minha caçulinha Letícia, que veio alegrar a vida de todos.

Algo que analiso em todas as experiências, todos os chefes que confiaram em mim cegamente, mesmo eu não tendo a experiência necessária, como um voto de confiança, aquela em que eu muitas vezes me questiono sobre minha capacidade, daí preciso parar e falar para mim mesma para não ser tão cruel comigo e me cobrar tanto, e escutar meu irmão e esposo para eles me darem aquele empurrão.

Levanto todo dia de manhã e falo para mim mesma: "Você é capaz, se não sei fazer, vou aprender, conhecer quem sabe e quem pode me ajudar". Arregaçar as mangas e fazer não é um problema para mim, cargo para mim é um título, e isso não me define como pessoa e ser humano, respeito com todos é fundamental. Saber ouvir, falar no momento certo, ter empatia, paciência e responsabilidade são palavras chaves para tudo que conquistei hoje e o que ainda pretendo conquistar.

Fácil não foi e nada será fácil ou sorte, temos de estar preparados para os desafios que aparecem na vida, encarar os AOGs e turbulências e aproveitar quando estiver em céu de brigadeiro.

História de família

Ana Paula Lanciano

Para todos que a conhecem na aviação é "Paulinha", uma forma carinhosa do seu nome, mas também da MULHER que se tornou ao longo dos anos. MÃE apaixonada da Alice, mais de 26 anos de aviação! Graduada em Economia, pós-graduada em Logística e Gestão Estratégica de Pessoas, construiu sua carreira na TAM Linhas Aéreas, iniciando em 1998, e na GOL Linhas Aéreas Inteligentes a partir de 2004, assumindo ao longo dos anos vários cargos e responsabilidade nas empresas. Seu maior compromisso é garantir a cada dia, a cada voo, uma operação mais segura.

LINKEDIN

Nunca pensei que estaria aqui, escrevendo sobre minha trajetória profissional e que isso levaria meus pensamentos para tão longe e para sentimentos que inicialmente pouco têm a ver com o objetivo deste texto.

Antes de começar a contar minha história na aviação e, para que tudo faça sentido, preciso voltar alguns bons anos no tempo, época em que meus pais se conheceram.

Minha mãe, mulher forte e decidida, deixou sua cidade e família no interior de São Paulo em 1972 para se aventurar na capital do Estado e conseguiu um emprego no serviço médico da extinta Transbrasil, já que atuava havia muitos anos no hospital de sua cidade. Meu pai, filho mais velho de uma família tradicional italiana, em 1974 também iniciava suas atividades na diretoria de operações como escriturário nessa mesma empresa.

O interesse entre eles demorou um pouco a acontecer, porém quando, em 1977, a Transbrasil disponibilizou aos funcionários um treinamento de DOV (despachante operacional de voo) e de que eles, por motivos diferentes, resolveram participar, foi o momento em que a aproximação aconteceu e o início do namoro se concretizou.

Logo após o término do curso que minha mãe preferiu não continuar, meu pai foi transferido para Vitória, no Espírito Santo, para atuar nessa nova função e os dois seguiram na construção de uma vida juntos. Começaram tudo do zero nessa nova cidade.

Minha mãe ficou grávida e no início de 1979 eu nasci, a única capixaba da família. Viemos para São Paulo no final desse mesmo ano.

A aviação sempre esteve presente em minha vida, mesmo antes do meu nascimento e, apesar de brincar, quando criança, de que seria secretária do meu pai e de ficar extremamente animada com suas constantes viagens ao exterior, à medida que fui crescendo, não via que meu futuro estaria ligado diretamente à aviação, mas sempre tive em mente o desejo de conhecer o mundo, de viajar e me sentir livre para ir e vir quando bem entendesse.

Minha família é meu exemplo de ética e honestidade. Apesar das dificuldades financeiras, meus pais sempre se esforçaram para que eu e minha irmã pudéssemos ter uma educação melhor da que eles tiveram e sempre diziam que os estudos vinham à frente de outras prioridades. Assim, conseguimos estudar em colégio particular, o que não era tão comum naquela época.

Tive dúvidas de que carreira seguir, cheguei a pensar em estudar Física, Geografia, História e me pergunto com teria sido se tivesse seguido alguma delas, mas me formei em Economia pela Universidade Presbiteriana Mackenzie em 2000. Quando iniciei esse curso, meu maior objetivo era trabalhar com economia política no Banco Central do Brasil.

Já no início da faculdade senti a necessidade de ter meu próprio dinheiro e não depender integralmente do meu pai e, no 2º ano de faculdade, em 1998, iniciei minha jornada profissional como teleoperadora na central de atendimento de transporte de cargas de uma empresa aérea.

Primeira oportunidade

Lembro-me como se fosse hoje, meu pai, sabendo das dificuldades de uma mulher trabalhar num ambiente majoritariamente masculino, conversou comigo para que eu trabalhasse nessa empresa aérea apenas até finalizar a faculdade e depois seguisse para companhias que fossem ligadas à área na qual estava me formando. Naquele momento não entendia seus motivos, mas concordei, já que para mim era apenas um trabalho temporário e meu objetivo era outro.

Estudar de manhã e trabalhar à tarde, além dos finais de semana, não era uma tarefa fácil. Segui quatro anos assim, mas cada dia que passava me sentia no lugar certo, no ambiente em que deveria estar, mesmo não sabendo explicar, tampouco sem conhecer muito sobre o que realmente era a aviação.

Quando iniciei na aviação era uma menina de 19 anos, meu primeiro emprego, com muitos sonhos e muita vontade de aprender. Não ficava apenas focada no que tinha que fazer, mas ficava atenta ao que os mais experientes faziam e, principalmente, nos exemplos positivos que tínhamos ali. Fiz todos os treinamentos disponíveis, até os que não eram necessários para a minha função e me apaixonei pelo transporte de artigos perigosos, assunto que vou detalhar mais à frente. Errei bastante, mas aprendi muito também. Logo fui promovida para a área de *yield* do departamento de cargas, responsável pela negociação de tarifas com as diversas bases da empresa. Imaginem eu, uma menina de 20 e poucos anos, com tamanha responsabilidade. Ao mesmo tempo que me estimulava a me desenvolver, também era extremamente assustador e desafiador.

Fiquei na empresa por seis anos, nesse período me formei, finalizei minha pós-graduação em logística pela FEI, viajei sozinha pela primeira vez e fiz amigos que levo até hoje. Guardo essa fase com muito carinho.

Decisão

Eis o momento de, após finalização da graduação e pós-graduação, decidir se seguiria ou não na aviação, como havia alinhado com o meu pai.

À essa altura eu brinco que o bichinho da aviação já havia me picado e que seria muito difícil não permanecer nessa indústria.

Claro que nem sempre tive dias bons, mas com certeza, pensando com a maturidade que tenho hoje, foram situações necessárias para meu desenvolvimento.

Em 2004 atualizei meu CV e tomei coragem para enviar diretamente ao diretor de cargas de uma empresa que estava no mercado há poucos anos, queria mudança, ampliar meus conhecimentos e, para a minha surpresa, recebi sua ligação no dia seguinte agendando uma entrevista. Fui contratada com a posição de supervisora de *call center* de cargas e, pela primeira vez, faria gestão de uma equipe, mesmo sem experiência.

Não vou mentir, isso me apavorou!! A parte técnica eu dominava, mas e a parte de gestão de pessoas? Foi um grande desafio e aprendi muito nessa época.

Fiquei dois anos nessa posição, consegui desenvolver processos que estão na empresa até hoje e iniciei meu MBA em gestão estratégica de pessoas pela FGV, já que esse era o ponto que eu precisava de desenvolvimento naquele momento.

Me senti pronta para mais um desafio e, como sempre quis conhecer o mundo e novas culturas, me joguei num intercâmbio no Canadá para, além de aprimorar o inglês, viver em novos ambientes, conhecer pessoas e garantir que conseguiria me virar sozinha. Essa foi uma das melhores experiências da minha vida.

Nova decisão

Vocês se lembram quando disse que o transporte de artigos perigosos me chamou muita atenção quando comecei minha jornada profissional? Pois então, recebi o convite do gerente de *safety* da empresa para ser a responsável por esse assunto. Sou muito grata por esse convite até hoje, pois acredito que tenha mudado o rumo da minha carreira.

Estava muito feliz com essa oportunidade e com uma nova aviação que se abria diante de mim. Não fazia ideia do tamanho, da quantidade de áreas, complexidade e pessoas que faziam a engrenagem girar, e girar com segurança. Minha função basicamente era definir procedimentos e disseminar as regras e assuntos de segurança relacionados ao transporte de artigos perigosos nas diversas áreas da empresa como manutenção, suprimentos, aeroportos, cargas, etc. Artigos perigosos em áreas que não fossem de transporte de cargas era novidade e fui desbravando esse universo com profissionalismo.

Segurança de Voo, área super-respeitada dentro da empresa e trabalhando com artigos perigosos, o que eu queria mais? Estava superbem na posição até que, depois da mudança da sede para o Aeroporto de Congonhas, fui convidada pelo meu eterno chefe e grande amigo, comandante Sergio Quito, para participar de um projeto único e inovador que seria a certificação IOSA (IATA Operational Safety Audit) na empresa e ficaria responsável por duas disciplinas: cargas e aeroportos. Essa certificação até hoje é extremamente respeitada na aviação e tem como objetivo principal avaliar os requisitos de segurança de uma empresa aérea.

Nessa época me tornei auditora de segurança operacional e logo depois coordenadora. Tivemos muito trabalho para unificar manuais, documentar muitos procedimentos que eram realizados, desenvolver o processo de reportes de segurança na empresa inteira e, o mais difícil, trabalhar na identidade da nova área que estava nascendo: Assessoria de Segurança Operacional e posterior Diretoria de Segurança Operacional (DSO). Montamos um time robusto, com profissionais experientes e especiais para mim até hoje.

Não tem como falar desse período sem mencionar o maior e melhor desafio que estava por vir, me tornar MÃE. Alice já nasceu respirando aviação e não podia ser diferente já que tem os avós que foram e os pais que ainda eram e são parte ativa dessa indústria. Agora, com 12 anos, ela diz que quer seguir nossos passos, permanecer na aviação. Diz querer ser engenheira aeronáutica e construir aviões ou ser piloto. Qualquer que seja sua decisão, dentro ou fora da aviação, a apoiaremos.

A insegurança na volta ao trabalho pós-maternidade é real,

a culpa por deixar sua filha na escola com meses de idade também, mas fui me adaptando à jornada tripla com a casa, filha e trabalho. Nessa loucura que estava a minha vida e após oito anos na área de *Safety Management System* (SMS), recebo um novo convite, dessa vez para retornar à diretoria de cargas, onde estou até hoje e tive a oportunidade de contribuir com muitos projetos como a homologação da empresa para transporte de artigos perigosos, operação cargueira e mais recentemente a certificação para transportarmos cargas nos assentos de passageiros das aeronaves (*seat container*).

Minha vida pessoal e profissional se misturam, não consigo imaginar estar em outro lugar senão fazendo o que faço, respirando segurança nas operações de terra e voo todos os dias. Mesmo após 26 anos de muito trabalho, me sinto motivada em seguir, tenho o mesmo brilho no olhar e frio na barriga de quando comecei.

Como disse no início, pensando no passado, me permiti sentir, me emocionei, trouxe lembranças há muito esquecidas que me fizeram refletir sobre o futuro. Sobre o meu futuro, da minha filha e tantas mulheres que buscam o seu lugar no mundo.

Quem escolhe seguir qualquer carreira, mas principalmente as voltadas à operação, em um ambiente ainda majoritariamente masculino, deve ter interesse genuíno em implementar políticas e processos que contribuam para o desenvolvimento da empresa e da segurança nas operações, porém, mais que isso, deve desafiar-se a trazer a mudança em suas ações.

Eu gostaria de concluir este texto com algumas palavras que podem fazer sentido para você. Tenha humildade de aceitar os próprios limites, não vai ser fácil, você vai ter medo, o mundo não é justo, mas siga com coragem, lucidez e responsabilidade. Foque em você. Prepare-se!!

Por fim, convido você a refletir sobre o que o move, o que o inspira. A vida é única e nossas histórias também!

Dedico este trabalho à minha família e minha filha, Alice, meu presente de Deus!!!

Voando com coragem: minha história na aviação

Carolina Trancucci Martins

Casada com Eduardo, mãe da Manuela e 'boadrastra' do Francisco e do João. Conselheira consultiva na área de alimentos, saúde, tecnologia e empresas familiares. É uma líder entusiasta, apaixonada por construir jornadas memoráveis. Com mais de 20 anos de trajetória, também foi diretora de Clientes, Produtos e CX na aviação, com equipes multidisciplinares e responsável por serviços, atendimento e experiência em toda a jornada de viagem. Formada pelo IBGC e pós-graduada em Gestão de Negócios pela FDC, é especialista em Cerimonial, Protocolo e Eventos (Senac e Ibradep) e graduada em Secretariado Executivo (Fatec), refletindo seu compromisso com a excelência em todos os detalhes. Professora de MBA de Governança e Liderança em CX, foi indicada a "Executiva do Ano" em 2022 pela Cliente S.A.

LINKEDIN

"With brave wings she flies. Autor desconhecido

Receber o convite para contribuir com este livro foi uma alegria imensa, um reconhecimento valioso da minha trajetória na aviação. Desde o momento em que aceitei, comecei a refletir sobre quais marcos importantes da minha história compartilhar e como é essencial termos esse espaço para contar e ouvir histórias de tantas mulheres inspiradoras. Este livro é uma celebração dessas histórias, uma janela para a coragem, resiliência e paixão que cada uma de nós traz para o mundo da aviação. Convido você a embarcar nesta leitura e se deixar levar pelas experiências e lições de vida que nos conectam e nos impulsionam a voar cada vez mais alto.

Primeiros voos e descobertas

Eu sempre tive muitos sonhos, mas quando pensava sobre trabalhar nunca sonhei com algum lugar específico. Meus sonhos sempre estavam mais relacionados às pessoas que estariam a minha volta do que ao lugar em si. E, por isso, diferente de muitas, eu nunca tive como um deles trabalhar na aviação. Eu não tinha nenhuma referência familiar que trouxesse este contexto para o meu dia a dia, pois meus pais e avós sempre atuaram na área da saúde. Mas também nunca sonhei em ser médica (risos).

O que toda a vida senti que teria em comum com a minha família era o gosto pelo cuidar de pessoas.

Por isso, existe uma chance enorme de você, querido leitor, já ter em algum momento precisado desesperadamente da minha ajuda ou então me xingado muito, quando precisou resolver algum perrengue de viagem. Eu escolhi desenvolver minha carreira na arte de resolver problemas, dos outros, para os outros, e pelos outros, pois, afinal, cuidar também é resolver. Sou executiva especialista em experiência do cliente e no início da minha carreira atuei durante vários anos como assistente executiva. Em ambos os papéis sempre tive a missão de facilitar e resolver a vida de alguém, cuidando para que o planejado e o não planejado saíssem com a maior perfeição possível, acolhendo necessidades e superando expectativas.

Antes da aviação, eu trabalhei no setor automobilístico e achei que lá ficaria por muitos anos, já que àquela época era uma indústria bem tradicional e de longas carreiras. Ledo engano. Os voos da vida nos levam para lugares que nem imaginamos. A empresa na qual estava passou por um processo de reestruturação e muitas coisas mudaram. Tive que, muito nova ainda, repensar para onde seguir. Peguei, então, um caderno e comecei um exercício diário de anotar todas as empresas com que me identificava e em que possivelmente poderia aplicar para uma posição. E numa tarde, dentro do ônibus voltando para casa com meu caderninho em mãos, eu passei na frente do Aeroporto de Congonhas. Até hoje me lembro da cena.

Um novo destino: a Aviação

Olhei. Pensei. Nossa! Eu não tinha nenhuma companhia aérea anotada na minha listinha. Que coisa mais interessante. Fiquei refletindo. Quais seriam as opções? Só me vinham empresas internacionais à cabeça. Logo despistei aquele pensamento, afinal, eu tinha 22 anos e não pretendia mudar de país nem seguir uma carreira de tripulante. Meu pouco repertório à época me limitou a pensar que estas seriam as únicas opções disponíveis. O universo até tentou, mas eu não me conectei à mensagem.

Algum tempo se passou e eu resolvi me cadastrar nos sete dias grátis de um site de vagas para ver como funcionava. Participei de vários processos. Funcionava mesmo! E faltando um dia para acabar o tempo do teste gratuito fui convidada para uma entrevista em uma empresa que estava no começo da sua operação e tinha um nome curtinho e brasileiro. Caramba! Como eu não tinha pensado que poderia haver uma companhia aérea brasileira? A vaga era confidencial e para um reporte sênior, então eu tive que me preparar mais do que o costume. Comecei a estudar sobre a indústria, especificidades, curiosidades, rotinas do setor. Deixei carrocerias e chassis de lado para absorver um pouco sobre *winglets* e turbinas. Um universo complexo e ao mesmo tempo encantador sobre o qual eu nunca havia pensado.

Minha primeira memória andando de avião é dos meus sete anos, quando minha avó me colocou num Boeing da Varig (um 737) lá em Curitiba, enquanto minha mãe me esperava em São Paulo. Eu já fui uma menor desacompanhada! Lembro-me de a tripulação ter sido superatenciosa, inclusive o comandante ter me convidado para ir ver a cabine, mas eu, morrendo de medo de tudo, não quis nem me levantar do assento! O mais inusitado é pensar hoje que aquela miniCarol não tinha a menor ideia de que estava destinada a fazer parte deste universo, e que, passados alguns anos, entraria numa companhia aérea e que teria uma importante contribuição na revolução da aviação comercial no Brasil. Também não sabia que, na época, pouquíssimas mulheres faziam parte daquele mundo.

Quem me conhece sabe. Quando eu me jogo em algo, eu vou de corpo e alma. Passei do estágio de nunca ter pensado em estar na aviação para o de não saber como havia vivido longe dali algum dia. A empresa tinha um clima diferente de tudo que eu conhecia. Meus colegas de trabalho tinham uma relação com o trabalho muito diferente – estavam sempre disponíveis e dispostos a fazer mais, sorriam o tempo todo, era um lugar de gente feliz. Recentemente, conversando com uma ex-colega e para sempre amiga que também fez parte dessa história bem no comecinho, rimos lembrando de como nosso dia a dia era estimulante e até um pouco maluco. Todo mundo era muito jovem, e se não fosse pela idade, era jovem de espírito. Nós éramos poucos e com muita responsabilidade. Talvez até um pouco imaturos, mas em questão de meses parecíamos ter adquirido anos de estrada, ou melhor, de voo.

Fazíamos parte da maior democratização do acesso a viagem de avião no Brasil. Um orgulho de encher o peito e esse mesmo sentimento permeava tudo o que tínhamos para fazer. Eu tinha vinte e poucos anos, mas estava exposta o tempo todo igual gente grande, lidando com temas sérios e pessoas importantes. Ao lado de um dos maiores empresários deste país, que além de tudo é um ser humano incrível – gentil, divertido, duro, exigente, brincalhão, competente –, viver aquele tempo de transformação foi muito intenso. Costumo brincar que ele é o tipo de pessoa que, quando vai dar bronca em alguém, tem uma habilidade de fazer a própria pessoa se declarar culpada antes mesmo dele dizer qualquer coisa. Sabe aquele sentimento "eu nem sei se eu fiz, mas se ele acha que eu fiz, fiz, e por ele nunca mais farei"?! E foi nesse combinar de novidade, energia, simplicidade, paixão e muita dedicação que eu me apaixonei pela aviação.

Alguns anos depois fui provocada a sair dos bastidores da minha profissão e iniciar minha carreira executiva. Mais uma revolução empolgante estaria por vir, com mudança de posicionamento da empresa, sustentação da marca pelo produto e experiência oferecidos e a transformação cultural para a centralidade no cliente. Essa jornada toda está no meu LinkedIn e convido você a dar uma olhada. Mas nesse livro eu quero contar sobre aquilo que não entra nos parágrafos de um currículo. Sobre o que aprendemos com as experiências vividas, com as pessoas que encontramos em nossas jornadas e com uma boa dose de "isso só acontece na aviação".

Aprendizados e desafios

A aviação é um setor empolgante. A única certeza que se tem é que nenhum dia será como o planejado e, com isso, nenhum dia será igual ao outro. Isso me ensinou muito sobre flexibilidade e adaptabilidade. Eu sempre fui muito certinha e planejada e, de repente, me vi tendo que recalcular a rota o tempo todo. São ajustes que não fazemos sozinhos, só conseguimos dar conta de todas as variáveis em um trabalho conjunto bem coordenado. Como uma teia, uma malha. São decisões, processos e pessoas conectadas e impactadas o tempo todo. Quem não gosta de depender e precisar dos outros certamente tem dificuldade de se adaptar.

É nesta reorganização do desajuste que se aprende a importância da colaboração e a reconhecer aquilo que se sabe. Comigo isso aconteceu logo no primeiro dia. O povo da aviação é cheio de manias e adora falar sem siglas. É nome de cidade ou aeroporto que vira três letrinhas e todos falam como se fosse a coisa mais corriqueira do planeta. E o alfabeto fonético? Alfa Charlie e Bravo viram nossos melhores amigos. Sempre dou risada quando me lembro que havia uma porta de uma sala de reunião que ficava bem na frente de onde eu sentava. Estava escrito "Sala de Reunião PR-GOE". As pessoas olhavam para esta porta e diziam: "Vou fazer uma reunião aqui na ECO". E eu, na minha mesa, tentava entender porque chamavam de 'eco' aquilo que estava escrito 'goe'. Até que uma santa alma me explicou que, além de todas as peculiaridades que já existiam, eles preferiam chamar a sala pela última letra já que todas as salas começavam com PR-GO e uma letra, em ordem alfabética.

Uma reprogramação mental era essencial para continuar naquele voo, e isso se aplicava a inúmeras outras situações. A dimensão dos números é sempre surpreendente. Você trabalha com, literalmente, milhões de pessoas. São milhões de seres humanos de diferentes idades, culturas e origens, com um leque de diversidade socioeconômica digno de pesquisa do IBGE, voando! Com quase duas décadas na indústria da aviação, tive a oportunidade de vivenciar a grandeza e o dinamismo desse setor, dedicando os últimos dez anos à área da Experiência do Cliente. A própria natureza da aviação, um universo vasto e complexo por onde transitam milhares de passageiros diariamente, proporciona um aprendizado sem paralelos, que capacita qualquer um a lidar com situações complexas e procurar soluções criativas.

No começo deste capítulo eu disse que muitos de vocês já me xingaram em algum momento, né? Pois bem, o meu *job description* nessa fase era basicamente implementar e engajar a cultura *customer centric*. Mas, no fundo, meu maior desafio sempre foi que a experiência de voo de cada cliente cumprisse ou superasse a expectativa que cada um tem em relação ao sonho de voar. E só quem trabalha com sonhos sabe que é uma tarefa desafiadora. São emoções, motivos, anseios, aspirações e vontades diferentes condensados dentro de uma lata de metal que voa. Ao mesmo tempo, existem processos e legislações complexas e que precisam ser traduzidos em experiências simples e fluidas.

É possível imaginar que, em uma indústria tão técnica e com temas tão complexos envolvendo aviões, abordar questões relacionadas ao comportamento, sentimentos e anseios das pessoas, o cerne da Experiência do Cliente, apresenta seus desafios. Muitas vezes recebi conselhos para 'investir mais tempo em aprender as questões técnicas, pois minha área de atuação era muito relacional', ou então que 'outros colegas se destacariam mais por serem mais contundentes em suas colocações e por fazerem questionamentos ácidos sobre aquilo que não dominavam'. Entender a complexidade técnica de uma aeronave é crucial, mas saber comunicar essas complexidades de maneira acessível para os passageiros é igualmente importante. Trabalhar na interface entre esses dois mundos me permitiu desenvolver habilidades essenciais para criar jornadas e engajar pessoas, tanto dentro quanto fora da organização.

O legal disso tudo é que a aviação também é um lugar feito de pessoas incríveis e eu tive bastante sorte ao longo da minha carreira de encontrar aqueles nos quais pude me inspirar. Inspiração é algo muito importante para mim. Descobri, ao passar dos anos, parafraseando Shakespeare, que o que importa não é o que você tem (ou faz) mas quem você tem (ou está junto). Vejo como isso fez sentido durante os anos. Por mais complexos que fossem os projetos ou os desafios enfrentados, trabalhar ao lado de pessoas que nos fazem dar o nosso melhor é extremamente transformador.

Este livro é sobre Mulheres na Aviação e tenho algo importante a dizer: alguns homens tiveram papel importantíssimo em fazer a aviação ser para mim um lugar especial. Por mais que eu tenha encontrado outras mulheres incríveis (muitas delas estão nas páginas deste livro) que foram essenciais na minha trajetória, certos homens também desempenharam um papel imprescindível para que eu pudesse trilhar minha jornada e crescer. A evolução na carreira das mulheres incentiva os homens a serem apoiadores e reconhecedores da importância da diversidade e inclusão no ambiente de trabalho, mostrando que não se trata de uma competição, mas de uma colaboração na qual todos ganham.

Isso aumentou ainda mais a minha responsabilidade de cuidar deste espaço para que outras meninas também pudessem se desenvolver, crescer e, principalmente, serem autênticas no seu dia a dia. Este objetivo tornou-se uma missão pessoal, pois acredito que a verdadeira força de um ambiente de trabalho reside na diversidade de perspectivas e experiências. Por isso, dediquei-me a promover um ambiente onde cada pessoa, independentemente de gênero, possa encontrar seu lugar, sentir-se valorizada e contribuir plenamente.

Nessa mistura de aprender como algumas dinâmicas são e de não concordar com algumas outras, muitas vezes me peguei surpreendida por movimentos que desafiavam o *status quo*. Fui promovida logo após a minha licença-maternidade. Passei de uma equipe de 12 pessoas para liderar mais de 1.200. Quando recebi a proposta, passei alguns minutos tentando convencer o meu então chefe de que ele tinha enlouquecido e que ele jamais teria apoio naquele movimento. E, para minha surpresa, ele já havia organizado tudo e mais pessoas tinham concordado. Eu não estava espantada por não achar que eu estava preparada para assumir aquela responsabilidade. Mas o sistema todo havia me feito acreditar que aquilo não era uma opção válida.

Liderança e inspiração

Durante algum tempo eu recebi mensagens de outras mulheres na empresa dizendo que eu havia feito elas acreditarem que era possível ser diferente. E que se eu, que sempre fui conhecida por ser facilmente emocionável, preocupada e cuidadosa com as pessoas, agora mãe realizada, poderia ser uma líder, elas também poderiam. Nossa! Que responsabilidade, né? Curiosamente, fui agraciada em ser mãe de uma linda menina, minha Manuela. E foi por ela e por todas as demais meninas que viam em mim alguém para se espelhar, que eu prometi que cuidaria para me manter leal a tudo o que tinha me levado até aquele estágio: a alegria, o sorriso, o olhar no olho de cada pessoa, o saber ouvir, o cuidar, uma liderança humana, dar sentido para aquilo que as pessoas fazem.

A aviação me ensinou que a adaptabilidade não é apenas uma habilidade, mas uma necessidade diária. Cada voo é único, cada passageiro traz suas próprias histórias e necessidades. Com o tempo, aprendi a prever problemas e a criar soluções em tempo real, sempre com um sorriso no rosto e um compromisso inabalável com a excelência. Ao mesmo tempo que essa adaptabilidade me fez entender que meu diferencial naquele ambiente era justamente aquilo que sempre reconheci em mim como característica principal: gostar de cuidar de pessoas. É justamente essa vontade de cuidar, aliada à paixão pela aviação, que me fez perceber que a verdadeira força está em encontrar o equilíbrio entre a técnica e o humano. A aviação é um setor desafiador, mas é também um setor que a cada dia traz novas lições e cada pessoa, uma nova história.

Ao longo desses anos, aprendi que a chave para o sucesso está na colaboração, na confiança e no respeito mútuo. Trabalhar com pessoas extraordinárias, que me inspiraram e desafiaram, foi um presente inestimável. Eles me ensinaram a importância de ser autêntica e de lutar pelos meus valores, mesmo em um ambiente tão complexo e exigente. O que começou como uma simples curiosidade se transformou em uma carreira que me trouxe imensas satisfações e desafios. E, ao olhar para trás, vejo como cada passo dessa jornada foi crucial para me moldar como profissional e como pessoa.

Espero que este capítulo inspire outras mulheres a seguirem seus caminhos, sejam eles na aviação ou em qualquer outro setor. Afinal, com asas corajosas, todos podemos voar alto.

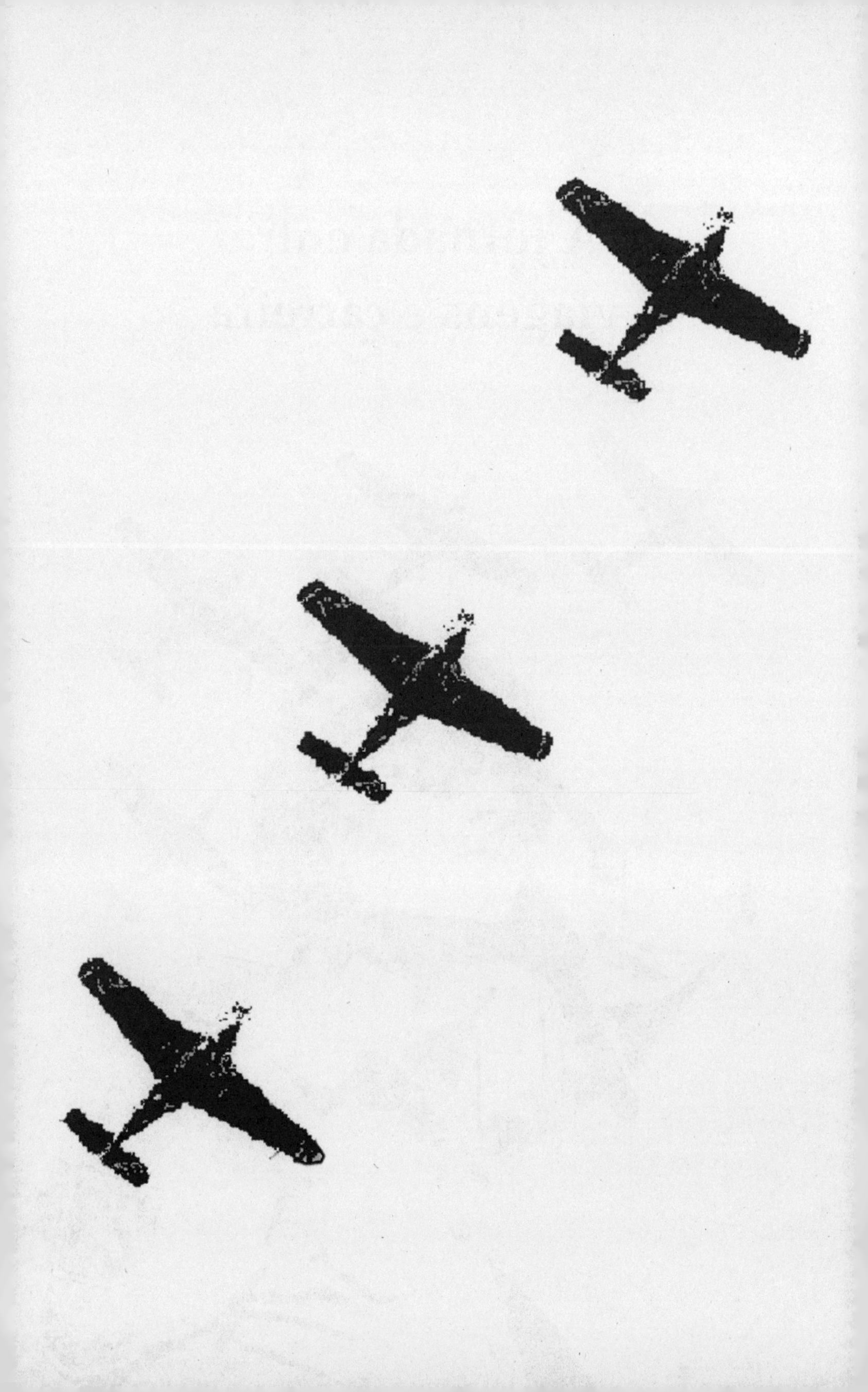

A jornada entre viagens e carreira

Claudia Conceição Soares

Tem 55 anos, casada com o Wander, bacharel em Ciências Contábeis pela Faculdade Nuno Lisboa-RJ, pós-graduada em Controladoria e Finanças pela UFF (Universidade Federal Fluminense-RJ) e Gestão de Negócios pela Fudanção Dom Cabral-MG. No mercado há mais de 32 anos. Aos 16 anos Iniciou sua carreira profissional em um escritorio de contabilidade e no último ano da faculdade migrou para Comércio. Com a falência da empresa em que trabalhava, iniciou sua carreira na aviação há 26 anos. Vivência em contabilidade e finanças, atuando na área de contas a receber, crédito e cobrança, liderando equipe e projetos. Atualmente esta à frente da Coordenadoria de Reembolso e Crédito na Gol Linhas Aéreas, onde responde sobre os indicadores de reembolso de clientes e responsável por desenvolver e implementar políticas e procedimentos de crédito e reembolsos.

LINKEDIN

Raízes Cariocas

Nasci no Rio de Janeiro, Cidade Maravilhosa, um lugar que pulsa energia e contagia alegria. Cidade do samba, praia e futebol, que parece estar em festa o ano todo. Meus pais, de origem muito simples, minha mãe do lar e meu pai ingressou na carreira militar aos 18 anos. Via na carreira uma possibilidade de melhorar de vida, e se esforçava estudando para que pudesse progredir na carreira.

Minha mãe é uma mulher guerreira, de um coração sem tamanho e de muita fé, pronta para servir, aquela que não sabe o que fazer para agradar, para que você sinta bem. Tenho um irmão mais velho, que é um grande parceiro e amigo.

Quando crianças, minha mãe não deixava que brincássemos na rua, e ele era a minha única companhia para brincar, cozinhamos formigas, aranhas, brincávamos de luta. Hoje somos muito unidos, e tenho certeza de que posso contar com meu irmão para tudo. Minha mãe não sabia, mas estava construindo uma união muito forte. Essa experiência me tornou mais resiliente e capaz de construir relacionamentos duradouros.

Lembro que a referência de viagem de férias que tínhamos era passar as férias na casa dos meus avós. Era um passeio esperado com grande ansiedade. Passava o dia todo brincando com meus primos, e à noite meu avô sempre contava histórias de saci, mula sem cabeça e minha avó gostava de contar lendas de assombração, demorávamos para pegar no sono de tanto medo. Como era bom passar as férias lá e saborear aquela comidinha mineira maravilhosa da minha avó, e meu avô sempre descascava uma cana para nós, e como minha prima Rita lembra, ficávamos com o queixo doendo de tanto mastigar.

Meu pai foi transferido para Barra Mansa, cidade do estado do Rio de Janeiro, quando eu tinha 13 anos. Ele e minha mãe decidiram que, por causa da escola, ficaríamos na cidade do Rio de Janeiro e somente meu pai iria para Barra Mansa, já que era somente por um período. Nessa época eu tive uma paralisia facial, que os médicos diagnosticaram como sendo emocional, por ter tido essa ruptura do núcleo familiar. Meu pai retornava todas as sextas, mas não estava mais no nosso dia a dia.

Essa experiência me preparou para lidar com mudanças futuras e valorizar a importância da flexibilidade.

A decisão pela contabilidade

No segundo grau decidi fazer técnico em Contabilidade, tinha facilidade com os números, me apaixonei pela matéria, e descobri que a ela vai muito além de habilidade com números. A descoberta da paixão pela Contabilidade foi um ponto de virada. Essa escolha me direcionou para uma carreira que me permitiu desenvolver habilidades analíticas e de resolução de problemas.

No segundo ano, meu professor me indicou para estagiar em um escritório de Contabilidade de um amigo, o que foi muito enriquecedor. Estagiei por dois anos e pude aprender muito, aprendi todas as rotinas de um escritório, desde a fiscal até folha de pagamento e impostos.

Essa experiência como estagiária em um escritório da área foi fundamental para a construção da minha base profissional. O contato com as rotinas contábeis e a oportunidade de aprender com profissionais experientes foram cruciais para meu desenvolvimento. Depois do estágio fui contratada como efetiva nesse escritório.

Depois do curso de técnico em Contabilidade, entrei na faculdade de Ciências Contábeis, em 1988, um sonho para mim e para minha família. Eu fui a primeira pessoa da minha família a me formar em curso superior. No segundo ano da faculdade, meu pai infartou, aos 44 anos, foi uma fase bem difícil. Ele ficou alguns dias internado no CTI, depois de algum tempo se recuperou, e precisou se aposentar.

Minha primeira viagem de avião foi para Maceió, nas férias, em 1990, pela Varig. Nascia então um desejo de não parar mais de viajar. Quem poderia prever que uma viagem de férias marcaria o início de uma nova paixão e impulsionaria a busca por novas experiências?

Lembro-me que no último ano da faculdade comecei a trabalhar nas Casas Pernambucanas, em 1991, na Contabilidade. Nessa fase, conheci o Wander, meu companheiro de vida, mas nessa época éramos apenas amigos.

Depois de três anos assumia meu primeiro cargo de gestão liderando uma equipe de dez pessoas. Nessa ocasião aprendi que o principal em uma equipe era gerar uma relação de confiança e respeitar a individualidade de cada um.

Por gostar muito de praia, sempre escolhia o Nordeste como opção nas férias. Em 1997, fiz minha primeira viagem para o exterior, o destino escolhido foi a Disney. Lembro-me que fechei tudo com a agência e só depois fui tirar meu passaporte e visto, sem a noção de quanto tempo isso poderia demorar. A agência fez uma reunião um mês antes da viagem, para saber se toda documentação estava ok, e eu ainda sem visto, mas no final tudo deu certo.

Amava trabalhar naquela empresa, o clima, as pessoas. Quando a empresa entrou em recuperação judicial não tínhamos confiança de que poderíamos sair daquele processo.

A falência era algo muito provável, e com isso surgia um sentimento muito grande de perda. Perder o convívio com as pessoas, com aquele ambiente, eu recordo que meu pai ficava preocupado com a minha tristeza e me dizia: "Filha, as amizades você levará para sua vida", e ele tinha razão. Em outubro de 1997 foi decretada a falência da empresa.

Afinal, o que mais marca a vida profissional: os desafios superados ou as pessoas que encontramos pelo caminho?

Primeiro contato com a aviação

Em dezembro de 1997, mais uma vez a convite do meu professor, fui convidada para trabalhar como temporária na Contabilidade do Metrô do Rio de Janeiro, que seria privatizado em janeiro 1998.

No mesmo mês, como naquela época procurávamos emprego nos jornais, eu tinha visto o anúncio de uma vaga, não dizia qual era a empresa, então me candidatei e fui chamada para uma entrevista na agência de empregos. Fiz a entrevista e tinha que fazer uma redação de uma viagem inesquecível. Adivinha? É claro que eu falei da minha ida para Disney.

Lembro-me que foi a redação mais fácil e longa que fiz na minha vida, pois aquela foi uma das melhores viagens que fiz até hoje, pois a Disney tem encantamento, um lugar realmente mágico.

Seguia trabalhando como temporária no Metrô do Rio. Depois de algum tempo me ligaram para marcar a entrevista com o gerente da área na empresa, que sempre era remarcada. Até que um dia cheguei para a entrevista, o gerente tinha tido um imprevisto e fiz a entrevista com o diretor. Estava bem nervosa, eu queria muito aquela vaga.

Lembro-me nitidamente da minha entrevista, da minha expectativa de ingressar no mundo da Aviação. Um mundo glamuroso e vibrante.

O senhor Jose Segundo, preocupado em mostrar quanto aquele mundo era empolgante e como era importante participar dele, falava da empresa com muito entusiasmo, e dos 70 destinos internacionais que eu poderia conhecer.

Naquele momento, durante a conversa iam ficando claros os benefícios da empresa, me senti empolgada pelos países que a Varig voava e pela possibilidade de conhecê-los, fiquei muito interessada pela vaga. Um dos países que a Varig voava e o primeiro a me chamar a atenção foi Kuala Lumpur, na Malásia, que ainda não conheci, está na minha lista.

No final da entrevista ele me disse que havia mais cinco candidatos e que eu aguardasse em casa o retorno da empresa. No mesmo dia me ligaram dizendo que eu tinha passado e que começaria na próxima semana.

A minha jornada na aviação começou no dia 12 de fevereiro de 1998, na Rio Sul, uma empresa do grupo Varig; não sabia naquele momento como essa trajetória seria cheia de aprendizado e superação.

Desafios e superações na carreira

No meu segundo dia de trabalho, chegando no centro do Rio de Janeiro, vejo uma fumaça próxima ao Aeroporto Santos Dumont, não podia imaginar que o meu segundo dia de trabalho seria marcado com a notícia de um incêndio, que tinha destruído o prédio do Aeroporto, que servia como base para a ponte aérea Rio-São Paulo e das operações da empresa em que acabara de ingressar.

Comecei a imaginar como seria a reconstrução, quanto tempo levaria, como a empresa iria passar por essa crise, e agora? O que vai acontecer? A aviação, um mundo completamente novo e desconhecido para mim.

Quando cheguei na empresa, todos já estavam decidindo como seriam as operações, como os passageiros seriam reacomodados, e a nossa operação passou para o Aeroporto do Galeão. Uma das lições aprendidas nesse dia é que na aviação as decisões precisam ser tomadas de forma ágil e precisa, A reconstrução do Santos Dumont levou seis meses.

Certa vez, vi o Balanço da Gol na mesa do meu chefe e ter comentado "ainda vou trabalhar nessa empresa", o que me chamou atenção foi o fato de o primeiro voo ser no dia do meu aniversário, 15/01. Hoje estou aqui, e tenho muito orgulho de fazer parte dessa empresa. Essa parte da história vou contar um pouco mais para frente.

Na infância não tínhamos dinheiro para fazermos muitas viagens. Quando tive a oportunidade de realizar a minha primeira viagem pelo benefício viagem (benefícios dos colaboradores que trabalham em companhia aérea) na Rio Sul, pensei em levar meus pais. Era o ano 2000, e o Brasil completava 500 anos do descobrimento.

Decidimos que iríamos conhecer Porto Seguro, onde a história do Brasil começou. Porto Seguro é uma cidade linda e com pontos turísticos incríveis. Programamos uma viagem de 15 dias, mas desistimos da viagem no 11° dia, sim, foram 11 de chuvas intensas, não conseguíamos fazer os passeios programados. Para apagar essa memória, já voltamos a Porto Seguro, para aproveitar dias incríveis.

Tem também a viagem no ano seguinte, para Florianópolis. Em 2001 decidi levar meus pais para Florianópolis, uma cidade de praia também. Estava empolgada por conhecer novos lugares e proporcionar experiências incríveis para os meus pais, já que Porto Seguro não tinha sido tão bom assim. Só que novamente o cenário de chuvas se repetiu, fiquei na dúvida se novembro era o mês mais adequado para férias ou se meus pais realmente eram o que chamamos de "pé frio". Bom... nunca mais marquei férias em novembro.

Em 2001, fui promovida a gerente de faturamento na Rio Sul, estava muito feliz com o momento que estava vivendo e pelo reconhecimento do meu trabalho, tendo em vista as minhas responsabilidades e desafios a partir daquele momento. Meus pais ficaram muito felizes quando dividi com eles a notícia.

Mudança de cenário

Em 2002, reencontrei o Wander e começamos a namorar. Em abril de 2003, fui convidada para mudar de cidade. A Rio Sul tinha sido incorporada pelo grupo Varig e fui chamada para trabalhar em São Paulo.

Eu simplesmente não conhecia São Paulo, não conhecia ninguém na cidade e não pensei duas vezes, claro que aceitei o convite. Achei nesse momento que seria uma experiência de um ano que valia a pena ser vivida. Primeiro pela experiência de vida, e depois pela paixão pela Aviação.

Depois vieram as dúvidas, onde morar, como chegar ao trabalho, será que vai dar para ir para o Rio de Janeiro todo final de semana? Pensei que essa experiência fosse durar apenas um ano, fiquei na ponte aera por 3 anos.

Em maio de 2003, fiquei noiva, decidimos casar em novembro de 2005, e eu continuava em São Paulo, sem a certeza do futuro da Varig, e se a empresa conseguiria se reerguer. Em 2006, a Varig foi vendida, pensei que estava tudo resolvido, e falei para meu marido que já era a hora dele mudar para São Paulo. Meu marido deixou o seu emprego no Rio e veio para São Paulo. Em um mês já estava trabalhando; pensei então que a vida seguiria seu ritmo sem grandes novidades, só me esqueci que tudo pode mudar a todo instante.

Em novembro 2006, fraturei meu pé e fiquei 100 dias de licença pelo INSS; quando voltei, em fevereiro de 2007, fui demitida, porque todos que voltavam de licença médica eram demitidos.

Fui recontratada um dia após a VRG ter sido comprada pela GOL. Em março de 2007, começou a minha história na Gol. E todo recomeço traz um pouco de ansiedade, mas é preciso recomeçar todas as vezes que for preciso.

Comecei como analista, e depois de um período fui promovida a coordenadora de Contas a Receber e comecei a liderar uma equipe, depois assumi a área de Faturamento, mais tarde agreguei a área de Crédito e Cobrança, sempre buscando as melhorias de processos. Em 2022 tive a oportunidade de mudar de área e estou à frente da equipe de reembolso e crédito.

A entrada na Aviação, marcada por desafios como a crise da Varig e a pandemia, exigiu grande capacidade de adaptação e resiliência. Essas experiências me fortaleceram e prepararam para enfrentar os desafios da vida profissional.

Explorando novos horizontes e oportunidades

Todos os anos, nas viagens de férias, busco conhecer um lugar novo; hoje eu tenho o melhor parceiro de viagens, Wander, que topa qualquer destino. No início eu realizava minhas viagens sozinha, o que me deixou mais confiante e independente para aceitar novos desafios.

Viajar nos desconecta do dia a dia e nos permite apreciar a beleza do momento presente. O que nos ajuda a enfrentar novos desafios e sair da rotina, a superar medos e inseguranças. E ter a oportunidade de refletir sobre nossos valores, sonhos e objetivos.

O conselho que gostaria de deixar é: não paralise com a possibilidade de mudanças. Às vezes assustam, mas elas trazem novas oportunidades, novas pessoas e novos aprendizados. Celebre as mudanças todas as vezes que elas chegarem.

Aprendi que viajar é muito mais do que conhecer novos lugares; é uma oportunidade única de autoconhecimento, crescimento pessoal e profissional. Ao sair da nossa zona de conforto e mergulhar em culturas diferentes, adquirimos valiosas lições que moldam nossa perspectiva de vida.

Interagir com pessoas de diferentes origens culturais nos ensina a sermos mais tolerantes e a respeitar a diversidade, o que me ajudou muito a liderar equipes. A diversidade de opiniões e experiências enriquece o time e as soluções dos problemas.

Os imprevistos são comuns em viagens e na nossa vida profissional, e nos ensinam como lidar com eles com calma e criatividade, precisamos ser flexíveis e nos adaptar, nem tudo sai como planejado, mas tudo traz crescimento.

Planejar é importante, mas estar aberto a mudanças é fundamental para aproveitar ao máximo cada momento, que é único. Ao experimentar diferentes realidades, valorizamos mais o que temos e aprendemos a ser gratos pelas pequenas coisas.

Quem diria que uma jovem com uma paixão por números e um sonho de se formar em Ciências Contábeis viveria tantas aventuras, desafios e conquistas ao longo de sua jornada?

Explore, e aproveite ao máximo sua viagem!!!

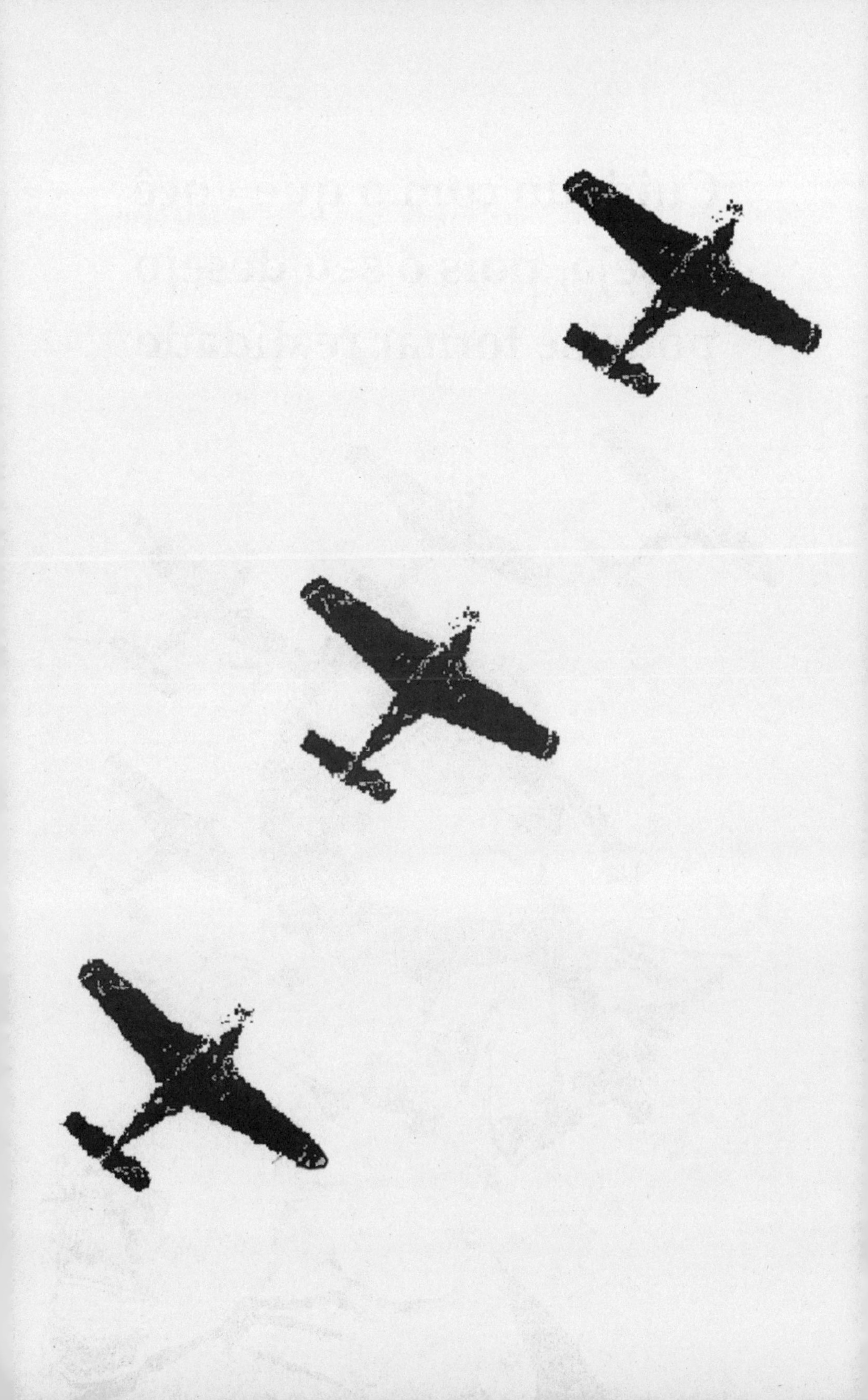

Cuidado com o que você deseja, pois o seu desejo pode se tornar realidade

Cristiane Dart

É chefe de comunicação DEI e gerente sênior de marketing da SITA nas Américas, com vasta experiência em assessoria de imprensa, mídias sociais, publicidade, inteligência de marketing, eventos e gestão de marcas. Antes de ingressar na SITA, trabalhou na ExxonMobil e Texaco. É vice-presidente de Comunicação e Marketing da IAWA (Associação Internacional de Mulheres na Aviação) e atua como mentora na comunidade Mulheres no Comando. Luso-brasileira fluente em inglês, espanhol e francês, é Bacharel em Comunicação Social pela Universidade Federal do Rio de Janeiro (UFRJ), possui MBA do IBMEC Business School, pós-graduação em Tradução – Francês pela Universidade Federal Fluminense (UFF) e MBA em Digital Business pela Universidade de São Paulo (USP).

LINKEDIN

Quando eu era menina, meu pai levava a família para fazer algo impossível hoje em dia: parar o carro na frente de uma das pistas de pouso e decolagem do Aeroporto Santos Dumont, no Rio de Janeiro. Ficávamos ali, esperando o avião normalmente decolar e passar pertinho do carro. O outro programa era ir para o Galeão. Eu sempre quis viajar o mundo e me conectar com pessoas de diversas culturas. Era muito caro viajar de avião, por isso, observar os pousos e decolagens e passear no aeroporto já dava o gostinho de viajar sem sair da cidade.

Comecei minha carreira na área de petróleo, na Esso Brasileira, e graças a esse início consegui investir para fazer um curso fora do Brasil. Fui aprimorar meu Francês em Paris. De volta ao Brasil, comecei um MBA em Administração pela Ibmec Business School. No primeiro trabalho em dupla, conheci minha futura gerente na SITA – Societé Internacionale de Télécommunication Aéronautique, empresa multinacional de tecnologia da informação, especializada na indústria da aviação.

Foi aí que minha história com a aviação começou.

Ingressei na SITA numa época em que pouca gente viajava de avião. Os bilhetes eram de papel e a grande maioria das soluções eram de rede. Como analista de marketing, meu cargo inicial, aprendi bastante com minha gerente, a Cristina Cadinelli. Ela foi essencial para eu pensar de maneira estratégica e realmente trabalhar direcionada para atender às necessidades dos clientes. Especialmente os internos. A SITA abriu um universo que eu não imaginava. Primeiro, o que existia por trás da aviação, o que impulsionava a indústria a evoluir. Depois, a magnitude da sua presença global. Eu jamais imaginei que uma B2B (Business to Business) teria mais escritórios do que a FIFA no mundo. Foi um ano muito feliz, repleto de descobertas. Ter acesso a várias nacionalidades, encurtar distâncias. Viajar para o exterior a trabalho, naquela época possível para executivos de cargos mais altos que o meu. Sair de uma organização onde a estrutura era muito mais vertical para uma empresa totalmente desconhecida por todos e grandiosa na sua presença e importância... parecia algo totalmente fora do meu universo. Essa alegria durou pouco. Depois da tragédia em 11 de setembro de 2001, as companhias aéreas precisaram reestruturar suas estratégias, mais focadas em segurança. A indústria como um todo teve um grande baque. Na SITA, a região da América Latina e Caribe, para qual eu reportava, passaria a integrar a América do Norte. Minha posição foi extinta em seguida.

Meses depois, me recoloquei na área em que eu tinha mais experiência: petróleo. A Texaco me contratou. Era responsável por patrocínios, e passei um ano coordenando a marca na Stock Car. A vida nos autódromos era bem interessante, porém nada perto do amor pela aviação.

Quando o mercado reaqueceu, a SITA voltou a contratar e um ano depois de ingressar na Texaco fui chamada para fazer uma entrevista com o novo vice-presidente de vendas da América Latina e Caribe. Saí correndo da empresa, inventei uma desculpa para uma amiga do trabalho me cobrir e lá fui eu fazer uma escova, trocar de roupa e ir para essa entrevista feliz da vida. Fui contratada como gerente de marketing, América Latina e Caribe.

A SITA me proporcionou – e ainda proporciona – muito aprendizado. Durante anos como gerente de marketing, com promoção a gerente sênior para as Américas, o trabalho parecia ser mais do mesmo. Um mesmo que não era exatamente o mesmo, era diferente todo o tempo, porque a velocidade do avanço tecnológico é absurda. Presenciei várias mudanças, desde os bilhetes aéreos eletrônicos, o lançamento dos quiosques de check-in, o check-in pelo celular, a criação do visto eletrônico, o despacho automático de bagagens, a informação avançada sobre o passageiro, até o embarque biométrico e as credenciais de viagens digitais. São tantas novidades, tantos experimentos o tempo todo... impossível fazer o mesmo a cada ano.

De igual forma, a presença da mulher na aviação mudou bastante. E na SITA não foi diferente. Eu comecei a trabalhar com pouquíssimas mulheres. Aprendi a me posicionar no tranco, a vencer a síndrome da impostora para sobreviver na empresa. A nossa região também não ajudava tanto. A América Latina ainda era muito patriarcal, machista. Presenciei desafios surreais com amigos homossexuais, pois clientes de certos países não aceitavam homens que não fossem héteros. Mulheres, então, nem pensar.

Uma vez precisei fazer um vídeo em Cancún, para contar a história de como a SITA ajudou a manter o atendimento depois de o aeroporto ter sido arruinado por um furacão. Eu tratava todos os dias com o CIO do aeroporto. Quando finalmente cheguei em Cancún, ele olhou para mim e disse, espantado, que eu era mulher. Sim, eu sou mulher, não entendi a surpresa. A explicação era simples. Meu nome não existe em espanhol, mas a versão masculina era muito comum, Cristian – e a pronúncia bem parecida. Então, o cliente achava que eu era homem, ao conversar via e-mail. Posteriormente, com as conversas via telefone, ele achou que eu era gay, por causa da minha voz feminina. Bom, nesse ponto da explicação, perguntei se ele ainda tinha alguma dúvida!

Em 2016, o Board da SITA elegeu pela primeira vez uma CEO mulher. Barbara Dalibard era CEO da SCNF (Société Nationale des Chemins de Fer Français), Companhia de Trens na França. A Barbara impulsionou muitas mulheres na empresa, por exemplo, a primeira presidente das Américas, Diana Einterz.

E foi assim que eu conheci a Associação Internacional de Mulheres na Aviação, a IAWA (International Aviation Womens Association).

A IAWA entrou em contato comigo através das redes sociais por causa da presença feminina em cargos de liderança na SITA. Comecei meu relacionamento com a associação ajudando palestrantes nos eventos.

A então presidente, a primeira latino-americana a ocupar este cargo, Alina Nassar, me pediu ajuda para promover o evento anual da IAWA, que seria em Lima, no Peru. Claro que ia ajudar, só que eu gostaria de fazer algo que trouxesse benefícios em colaboração de ambas as partes. Foi aí que eu criei o programa "Voando Mais Alto", porque tinha observado que, nesses eventos onde existiam painéis ou discussões sobre mulheres na aviação, participantes como eu se identificavam com as histórias contadas nos palcos, mas não tinham oportunidade de falar sobre os pontos em comum e também contar suas próprias histórias. Nesses eventos, o máximo da participação do público era uma pergunta para as apresentadoras. O objetivo do programa é promover uma conversa mais inclusiva. Iniciamos o projeto em três cidades do Brasil – Rio de Janeiro, São Paulo e Brasília, além da Cidade do México, com apoio da ALTA (Associação Latino-Americana e do Caribe de Transporte Aéreo), do ACI-LAC (Conselho Internacional de Aeroportos, América Latina e Caribe) e da CANAERO (Câmara Nacional de Aerotransportes) na edição do México. Em diversas edições virtuais, mais de 250 pessoas tinham participado. Posteriormente, fizemos sessões em parceria com a Vinci Airports em Manaus e Salvador, para mais de 60 participantes em cada localidade.

Voltemos então ao motivo da criação do "Voando Mais Alto". Durante o evento anual em Lima fiquei extremamente impressionada com a organização, a programação e a rede incrível de mulheres na aviação. Fantástico! Em todos esses anos, eu jamais imaginei que tantas mulheres de várias áreas e empresas atuantes na aviação estivessem juntas através dessa associação. Foi nessa oportunidade que Alina me perguntou se eu não gostaria de trabalhar como voluntária na IAWA. Aceitei sem pestanejar e no final do ano estava trabalhando em três comitês: marketing, conferência anual e até eventos na Ásia, o que pode ser estranho, mas o evento anual seria em Cingapura e eu fiquei tão interessada em ajudar que me puxaram para outros eventos na região. Adorei. As reuniões online à meia-noite não me incomodavam, porque eu via uma janela de novos aprendizados na minha carreira.

    E aí veio a pandemia. Pronto, vou ser demitida de novo porque o marketing é um dos departamentos que normalmente sofre com cortes, vide experiência anterior. Nada como uma mulher na liderança para mudar todas as expectativas. Tivemos reduções, sim, porém muitos empregos foram salvos graças à nossa CEO. Ela tinha a visão de que preservar a mão de obra era essencial para a recuperação da indústria. E a nossa presidente, Diana, tinha acabado de criar alguns comitês com base na resposta de uma pesquisa com funcionários, e eu ingressei no comitê de Diversidade e Inclusão. Graças à pandemia, essa tendência de valorizar nossa diversidade e buscar por uma comunidade mais inclusiva cresceu muito nas empresas e na aviação não foi diferente. Pela IAWA, eu participei de lançamentos de programas regionais como o Eleva da Copa Airlines e liderei eventos nas Américas pela SITA, como o D&I Day e a DEI Week. Todos intensos, de uma satisfação imensurável. Foi aí que eu alcancei o meu segundo cargo na SITA, de chefe de Comunicação em DEI (Diversidade, Equidade e Inclusão) para as Américas. Ao mesmo tempo, no final do ano de 2020, fui convidada a participar do Conselho de Administração da IAWA, graças ao meu trabalho e envolvimento com a associação.

    Em todos os meus dias de trabalho na SITA eu consegui manter a empolgação como no primeiro dia. Tive tempos difíceis, claro. Por ter um alto desempenho ao longo dos anos, algumas vezes não me senti totalmente recompensada. Tive vontade de morar fora, de ocupar cargos de liderança mesmo no Brasil. Apliquei para algumas vagas, sendo que a última eu precisaria morar em Atlanta e por isso desisti. Com meus pais idosos e minha mãe já com uma doença em estágio avançado, não tinha mais vontade de me mudar.

Mas, durante a pandemia, eu também comecei a apoiar uma *startup* chamada "Mulheres no Comando", como mentora – da qual ainda faço parte. Para começar, era preciso fazer uma palestra sobre um tema do meu domínio. Em conversa com a empresa, eu disse que poderia falar sobre vários temas do marketing em geral, pois eu era uma generalista como gerente regional. Contando minha história, a pessoa responsável pelas palestras me disse: "Você não percebeu? Você tem uma carreira internacional sem sair do Brasil! Isso é incrível!"

E o que você precisa para iniciar uma carreira internacional sem sair do país?

1- Antes de tudo, **entender seus motivos**. O que me motivou foi conhecer outras culturas, viajar. Meu trabalho de conclusão do curso de Comunicação Social na UFRJ foi sobre a globalização da propaganda e suas adaptações locais. Desde sempre me interessei em como estratégias globais poderiam sem usadas em mercados locais.

2- É preciso também **manter a mente aberta**. Aceitar outras culturas, outros valores. Ser curioso. Ter respeito. Eu me cobrei muito desde sempre, por exemplo, para ter um inglês perfeito. Até que um dia uma pessoa que trabalhava no time global riu do meu sotaque. Ela era inglesa e tinha feito isso outras vezes. Cansada dessa microagressão, eu resolvi perguntar quantas línguas ela falava. A resposta foi esperada. Só inglês. Pois eu disse que falava quatro idiomas e estava me esforçando para falar o dela da melhor forma. Tenho sotaque, sim. Do qual tenho muito orgulho, pois o sotaque me diz quem eu sou, minhas origens! Essa resposta foi essencial para minha paz de espírito e posicionamento dentro da empresa.

3- Considerar que **suas atividades podem ser executadas em qualquer lugar**. Eu não conhecia vários países antes de começar a trabalhar na SITA. Entendi que a dificuldade do trabalho era exatamente o ponto anterior, aceitar as culturas e diferentes formas de pensar. Principalmente, criar relações de trabalho. Porque essas pessoas que estão fora do seu país poderão apoiar em atividades nas suas localidades, dando dicas e indicando contatos.

4- Portanto, o próximo ponto é conversar com pessoas e **criar sua rede de contatos**. Procure entender outras culturas e saiba que nem todos entendem a sua! Isso nem sempre é fácil.

5- Procure **melhores práticas no globo para adaptar ao seu mercado**. Na SITA e na IAWA, sempre trocamos ideias.

6- **Busque excelência no que faz. Reinvente-se.** Em mais de 20 anos de SITA, procuro me reinventar todos os dias. Isso é motivador.

7- **Mantenha-se atualizado**: a IAWA transformou minha carreira. Depois do MBA no Ibmec, eu fiz uma pós na UFF em tradução, pensando que, se perdesse o emprego, teria outra área para atuar. Me ajudou bastante em tantas traduções que precisamos fazer/revisar na SITA. Mas com a IAWA eu tenho estudado bastante. Fiz outro MBA na USP em Digital Business e vários cursos de curta duração. Atualmente estou terminando um curso em gerenciamento de aeroportos pelo ACI (AMPAP – Airport Management Professional Accreditation Program).

8- **Considere lugares e desafios pelos quais você nunca passou.** Na minha carreira, especialmente antes da aviação, precisei aprender várias coisas que nunca imaginei precisar, por não ser necessariamente dentro da minha área de atuação. Isso me ajudou consideravelmente a ser a profissional de hoje.

9- **Tenha pessoas que apoiem e guiem você.** Eu tive grandes mentoras, como a Vânia Terry na Esso, que me ensinou a fazer do impossível, possível. A Catherine Mayer, que faz parte do Board do ACI World e é a minha maior inspiração como mulher na aviação. Minha gerente atual, Kristin Lindsey, é brilhante em todos os sentidos, uma pessoa extraordinária. Bobbi Wells e Alina Nassar, ex-presidentes da IAWA, são referências de liderança e motivação. E o Dr. Carlos Kaduoka é o meu melhor exemplo para continuar a aprender sempre! Na IAWA temos programa de mentoria. Sou mentora lá também, é muito bom retribuir para essa indústria que me propiciou tantas experiências.

10- **Entenda e aceite seu verdadeiro eu.** Hoje, tenho muito orgulho da minha trajetória. Por tudo o que passei. Das pessoas maravilhosas que encontrei em meu caminho. E das que também me tornaram melhor mesmo não sendo tão maravilhosas assim.

Eu não poderia terminar este capítulo sem mencionar e agradecer aos meus maiores exemplos da vida. Meus pais, Sergio e Laura Dart, que me incentivaram a aprender, a acreditar em mim e foram inclusivos em todos os sentidos. Minha mãe, já falecida, tinha uma doença mental - nunca escondeu de ninguém isso e os tratamentos pelos quais passou. É por causa dela que eu trabalho com DEI - Diversidade, Equidade e Inclusão. Inspirada por ela, ingressei na IAWA, que me faz tão feliz quanto meu emprego na SITA. Meu pai se aposentou depois de 80 anos e sempre me mostrou o quanto outras culturas são interessantes. Me ensina até hoje como negociar e fazer *network*! E por fim meu esposo, Luiz Augusto Nunes, meu maior apoiador, sempre na torcida por mim. É um homem verdadeiramente inclusivo.

Meu desejo se tornou realidade: trabalhar numa indústria cativante, onde ajudo a conectar pessoas no mundo todo. Mal posso esperar pelo próximo capítulo da minha jornada. E continuar a voar cada vez mais alto.

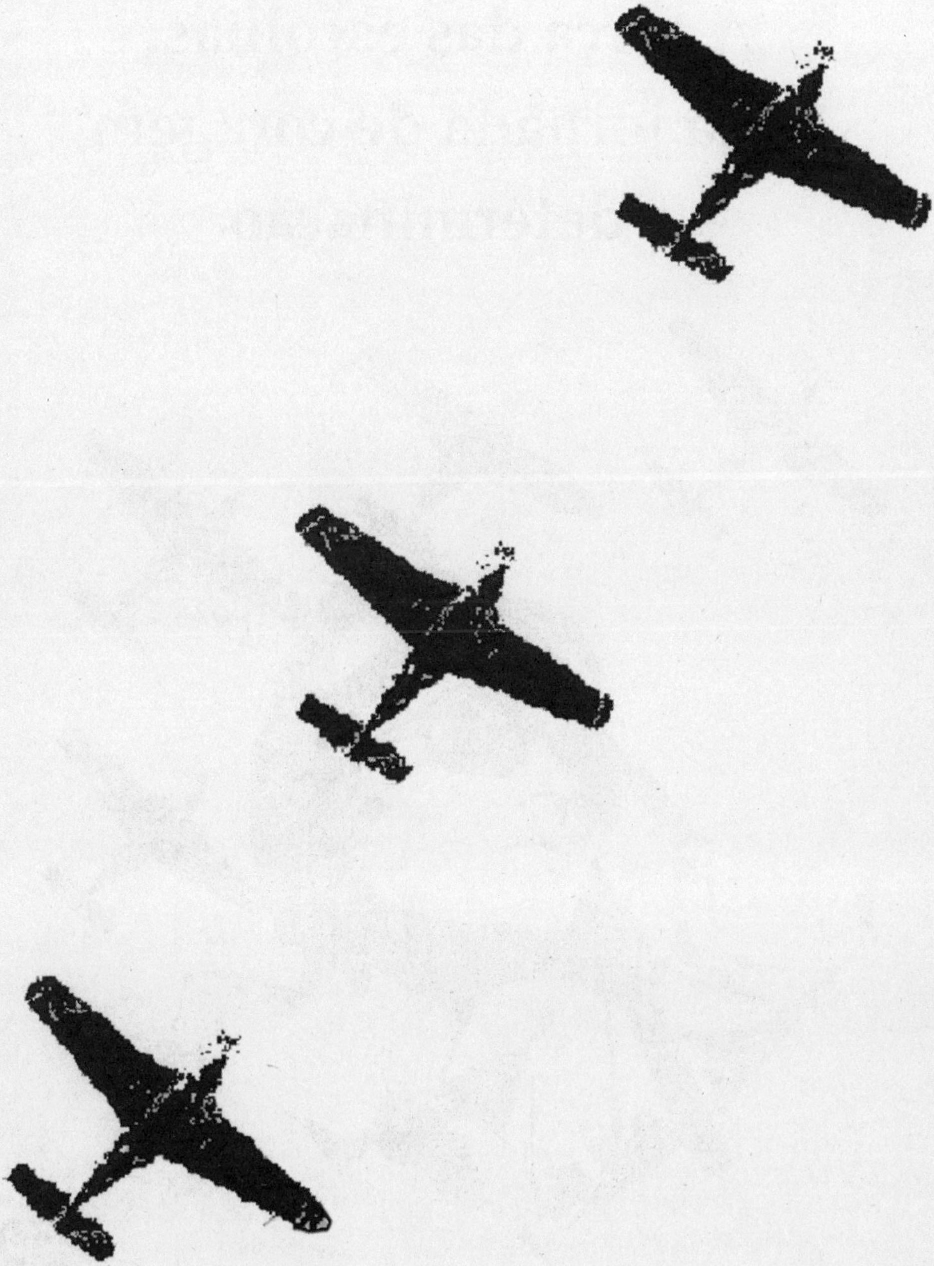

A força das escolhas: uma jornada de coragem e determinação

Daniela Fantinati

É bacharela em Comunicação Social / Relações Públicas pela PUC-Campinas e especialista em Estratégias de Experiência do Cliente pela Columbia Business School. Atua na aviação civil há mais de dez anos e é atualmente diretora de Experiência do Cliente, Parcerias e Soluções de Novos Negócios no aeroporto Dr. Antônio Agostinho Neto (NBJ-AIAAN) em Luanda, Angola, África. Possui experiência nos setores governamental, educação, óleo & gás e aviação civil. Ela liderou iniciativas-chave em atendimento ao cliente e ouvidoria, sucesso do cliente e desenvolvimento de estratégias de experiência do cliente. Em 2022, foi escolhida como uma "Customer Experience (CX) Emerging Leader" global pela CX Professional Association (CXPA). Em 2023, recebeu tanto o prêmio brasileiro de "Profissional de Sucesso e Experiência do Cliente do Ano" da CSX Week quanto o prêmio mundial de "CX Professional of the Year" da Customer Centricity World Series.

LINKEDIN

Sou a caçula de três irmãos de uma família que, por longos anos, tirou seu sustento trabalhando no campo. Do lado da minha mãe, histórias das lavouras de café e das colheitas de algodão na região de Catanduva. Do outro lado, do meu pai, histórias dos plantios de cana de açúcar, na região de Campinas, ambas no Estado de São Paulo.

Certa vez, perguntei para minha mãe o que havia acontecido na história dela para que viesse morar em Paulínia, cidade vizinha de Campinas, onde encontrou o meu pai e construiu a nossa família. Ela relatou em detalhes toda a história. Eu, ouvindo atentamente, e ainda uma garotinha, tive o meu primeiro entendimento do poder de uma escolha. Ela me disse que minha avó, analfabeta e já exausta da árdua labuta no campo, escolheu embarcar, rumo a Paulínia, com os quatro filhos, entre eles a minha mãe, mais o meu avô num caminhão de pau de arara e começar do zero uma nova vida. **Imagine se ela não tivesse feito esta escolha!**

Dando um salto na história para minha vida estudantil em Paulínia, eu com sete anos de idade, prestes a ingressar no primeiro ano do ensino básico, vi as escolas públicas da cidade paralisarem por uma greve. Naquela época, não havia escolas particulares na nossa cidade, apenas em cidades vizinhas. Me recordo da minha mãe se reunindo com outras mães da cidade, em nossa casa, tentando encontrar uma saída para que aquela situação impactasse minimamente os estudos dos filhos. Minha mãe liderou o movimento de encontrar opções de escolas em outros municípios que oferecessem um ensino de qualidade e com preço acessível. Naquele mesmo ano, graças aos esforços do grupo de pais encabeçado pela minha aguerrida mãe, saíram de Paulínia quatro ônibus levando quase 200 alunos para estudarem em uma escola particular na cidade de Hortolândia. Além disso, minha mãe conseguiu bolsas de estudo na nova escola para que eu e meus irmãos não deixássemos de estudar. **Imagine se ela não tivesse feito esta escolha!**

Observando o tamanho do esforço financeiro que meus pais faziam para nos manter naquele colégio, eu me lembro do que considero a minha primeira escolha: **ser a melhor aluna que eu pudesse ser!** Eu estudei intensamente naquele colégio. Nas manhãs, me dedicava ao aprendizado das disciplinas e, às tardes, participava de quase todas as atividades extracurriculares que a escola oferecia. Participava dos encontros dos reforços escolares e, quando me dei conta, estava ajudando alguns colegas que enfrentavam dificuldades em certas matérias. Foi naquela época também que descobri minha aptidão para esportes. Fui capitã da seleção de vôlei da escola por alguns anos e liderei o time de natação em vários campeonatos interescolares, com muitas vitórias! Para a cerimônia de formatura, fui convidada a ser a oradora da turma. No meu discurso, eu fiz a retrospectiva da minha vida, destacando a influência das escolhas feitas anteriormente por minha avó e minha mãe na minha história – que, por sorte, tiveram impactos positivos, mas que, a partir daquele momento, eu seria a única responsável por minhas escolhas com a consciência de que também seria responsável pelas consequências delas, na minha vida e na das pessoas ao meu redor. *"Tão importante quanto tomar decisões é estar ciente das consequências de suas escolhas – na sua vida e na vida do outro."*

O próximo passo era ingressar na universidade. Minha escolha foi estudar Comunicação Social com ênfase em Relações

Públicas, na cidade de Campinas. Simultaneamente, eu também escolhi iniciar a minha carreira profissional. Meu primeiro emprego foi na Câmara Municipal de Paulínia, realizando atendimento à população.

Já no segundo ano da graduação e com uma pequena reserva financeira, fiz o que considero uma das **mais acertadas** – apesar de naquela época parecer uma loucura – **escolhas da minha vida**: fazer um intercâmbio estudantil no Canadá. Deixe-me explicar porque isso parecia uma louca aventura. Mais de 20 anos atrás, não havia as facilidades dos dias de hoje e, olhando para o meu contexto familiar, ninguém na minha família sequer havia saído do estado de São Paulo, quanto mais do país. Ninguém falava inglês. Meus pais nem sabiam o que era um intercâmbio estudantil e muito menos aonde ficava o Canadá. Quanto mais eu tentava explicar para eles, mais eu os deixava inquietos e preocupados. Apesar disso, assim como nada fez com que minha avó e minha mãe deixassem de seguir com aquelas escolhas que citei no início, tão ou mais complexas, também nada me fez mudar a minha escolha. Embarquei para o Canadá – minha primeira viagem internacional. **Imagine se eu não tivesse feito esta escolha!**

Claro que não foi nada fácil! Enfrentei dificuldades que me levaram a me questionar se aquela escolha teria sido mesmo uma boa opção. Fiquei hospedada na casa de uma família canadense com costumes completamente diferentes do meu. Apesar de eles terem sido muito gentis, o choque cultural foi inevitável. Me frustrei inúmeras vezes por não conseguir me comunicar. Errei o caminho, peguei o ônibus errado, me perdi inúmeras vezes, levei bronca por chegar atrasada na escola de inglês. De verdade, foi a primeira vez que experimentei o gosto – amargo-doce – da vulnerabilidade. E como diz Brené Brown, autora do livro "A coragem de ser imperfeito", vulnerabilidade é incerteza, risco e exposição emocional – e essas foram algumas das consequências dessa minha escolha.

Se me arrependo? Jamais! A gente só começa a crescer e

se desenvolver quando deixa a zona de conforto. Eu era bem jovem, mas foi incrível a mudança comportamental e emocional que tive. Voltei para o Brasil com uma mentalidade mais madura e autoconfiante!

Finalizei a universidade. Tive outras duas significativas oportunidades profissionais que contribuíram ricamente no desenvolvimento da minha carreira. Uma delas foi na indústria de gás, atuando no relacionamento com cliente pós-venda e a outra no segmento educacional, mergulhando no universo das franquias de ensino de idiomas. Tudo corria bem! Até que certo dia me deparei com esta frase: *"É preciso coragem para sair da zona de conforto e determinação para se manter longe dela"*.

Essa frase me impactou bastante. Ela foi o gatilho de uma nova escolha. Ela me fez ir para a Austrália! Isso mesmo! Ela me encorajou a fazer mais uma importante escolha na minha vida: me mudar, sozinha, para a cidade de Gold Coast, uma cidade litorânea localizada em Queensland, na costa leste daquele país. Estava decidida a construir a minha vida por lá. Essa experiência realçou em mim uma característica pessoal a que eu ainda não tinha dado tanta atenção: a adaptabilidade. Meu meio de transporte passou a ser uma bicicleta, ajustei minhas finanças pelo valor da minha hora trabalhada (lá na Austrália você recebe por horas trabalhadas e não mensalmente como no Brasil), investi ainda mais nos estudos e desenvolvi outras habilidades: o mergulho e o surf, por exemplo. Explorar outros lugares do mundo começou a ser um novo objetivo.

Pouco antes de eu completar um ano na Austrália e já superadaptada lá, minha mãe me informou que teria que fazer uma cirurgia e me disse: *"Você poderia passar uma breve temporada no Brasil e me acompanhar na cirurgia e nos cuidados pós-operatórios? Depois, você retorna para a Austrália"*. Aquele telefonema me desestabilizou, mas a escolha foi feita. Desembarquei no Brasil em maio de 2012, certa de que em três meses eu já estaria de volta à minha versão australiana. **Imagine se eu não tivesse feito esta escolha!**

Pois esta escolha mudou, mais uma vez, meu caminho de vida, como detalho a seguir. Em 2012, o Governo Brasileiro iniciou um grande projeto de concessão dos aeroportos brasileiros à iniciativa privada. Confesso que, enquanto estava fora do país, eu não acompanhava muito as notícias do Brasil, então não tinha ideia daqueles acontecimentos, até eu receber uma ligação telefônica. Do outro lado da linha, uma senhora muito simpática diz: "Estou falando com a Daniela?" Eu digo que sim. Ela então continua: "*Eu represento a agência de empregos que está recrutando os novos colaboradores do Aeroporto Internacional de Viracopos, em Campinas, e, ao analisarmos o seu currículo, entendemos que você tem o perfil para uma das vagas disponíveis. Podemos agendar uma entrevista?*" Quando recebi aquela ligação, eu estava próxima da minha mãe e respondi àquela simpática senhora: "*Obrigada pelo seu contato, mas não me recordo de ter enviado meu currículo para essa agência.*" Enquanto eu dizia isso, minha mãe, com as bochechas rosadas, me faz um sinal com as mãos e sussurra: "*Fui eu que entreguei o seu currículo!*" e ainda gesticulava agitadamente para que eu aceitasse fazer a entrevista. E foi o que aconteceu. Fiz a entrevista e me tornei analista de Marketing na concessionária que administra o aeroporto.

Incialmente, meu plano era trabalhar no aeroporto até que minha mãe se restabelecesse completamente e eu pudesse voltar à Austrália. Hoje, mais de uma década trabalhando na aviação civil no Brasil, eu reflito: **Imagine se eu não tivesse feito esta escolha!**

Viracopos fez parte do primeiro grupo de aeroportos brasileiros concedidos à iniciativa privada, juntamente com os de Guarulhos e de Brasília. As obras de modernização dos aeroportos teriam que ser finalizadas a tempo de receber os passageiros para a Copa do Mundo de 2014 no Brasil. No caso de Viracopos, seria construído um novo Terminal de Passageiros, além de ampliações e melhorias de outros itens de infraestrutura, para atender 25 milhões de passageiros por ano.

Eu fui uma das primeiras funcionárias da Aeroportos Brasil Viracopos S.A. (ABV), concessionária que administra Viracopos e tive a oportunidade de lá desenvolver ainda mais a minha carreira profissional, ao mesmo tempo que a ABV se estruturava e também desenvolvia a sua própria trajetória empresarial na aviação civil.

Eu me recordo que, no meu primeiro dia de trabalho, meu gerente na época me entregou o Contrato de Concessão do aeroporto e disse: *"Você só irá entender qual será o seu propósito aqui se conhecer quais são as regras e os entregáveis desta empresa. Veja onde você se encaixa. Boa leitura!"* Confesso que fiquei parada olhando aquelas centenas de folhas... Eu mal sabia que aquela leitura seria um divisor de águas na minha carreira. Por dias e partes de algumas longas noites, me debrucei sobre aquelas páginas e estudei nomenclaturas, conceitos e legislações. Era tudo muito desafiador para mim, pois o meu único conhecimento sobre aeroportos era como passageira – e uma passageira não muito experiente... Mesmo não tendo certeza de quanto tempo eu trabalharia no aeroporto, uma frase de Mahatma Gandhi vinha à minha mente: *"O futuro depende do que você faz hoje!"*

Minha mãe se recuperou totalmente da cirurgia e o que era para ser apenas alguns meses trabalhando no aeroporto foram se transformando em anos de muitas entregas, envolvimento, conquistas e muita paixão.

Ao acompanhar o desafiador cronograma da construção do novo Terminal de Passageiros de Viracopos – que, na época, era uma das cinco maiores obras de engenharia do país – e ver se tornando realidade uma nova e mais pujante fase da infraestrutura e dos serviços aeroportuários brasileiros, numa certa manhã uma reflexão me fez encontrar o meu propósito: a grandiosidade daquele projeto está muito além da imponência estrutural dele; ela, seguramente, está nos colaboradores e nos passageiros que escreverão os próximos capítulos da história deste aeroporto. Corri até a sala daquele meu gestor e disse: *"Já sei onde eu me encaixo! Quero ajudar a cuidar dos milhões de clientes que irão viajar pelo novo Viracopos".* E, antes dele me interromper, descrevi para ele o Anexo 2 do Contrato de Concessão que aborda, em detalhes, os níveis de Qualidade de Serviço e destaquei que o atendimento daqueles requisitos colaboraria significativamente com a nova filosofia de satisfação de clientes que os acionistas e administradores da recém-formada ABV queriam trazer para o Brasil: **A experiência de viajar por Viracopos tem que ser agradável!**

Para atingir uma excelente performance operacional e aumentar o índice contratual de mensuração da qualidade dos serviços, a ABV logo cedo adotou os princípios de Gestão da Qualidade, criou uma Assessoria na Presidência da empresa dedicada a coordenar os programas de Gestão da Qualidade e de Experiência do Cliente e formatou uma arrojada política de estímulo à qualidade dos serviços. Assumi a Assessoria em 2018 e, a partir daí, liderei uma série de iniciativas de medição do desempenho dos serviços do aeroporto. Também conduzi os esforços – bem-sucedidos – da ABV na obtenção das principais certificações nacionais e internacionais de boas práticas de seus processos. Ao longo do tempo, percebi que era necessário envolver um time multidisciplinar capaz de rever os processos da empresa e propor melhorias de infraestrutura a fim de atender melhor às necessidades dos usuários. Assim, idealizei o programa interno "Guardiões da Galáxia CX (CX = *Customer Experience*)". Os membros desse time são tanto "auditores" quanto "embaixadores" responsáveis por disseminar conceitos de gestão de qualidade que contribuíram para que Viracopos viesse a se tornar o aeroporto mais premiado do país, até o momento.

Viracopos já foi reconhecido como o melhor complexo aeroportuário brasileiro por 13 vezes nas avaliações trimestrais de satisfação dos passageiros e, em 2022, pela quarta vez recebeu, em sua categoria, a premiação anual "Aeroportos +Brasil" da Secretaria Nacional de Aviação Civil. Ainda em 2022, o programa "Guardiões da Galáxia CX" foi reconhecido internacionalmente nas premiações North American Centricy Awards e World Series Centricity Awards como o melhor *case* de sucesso para a construção de uma cultura centrada no cliente. E, em 2023, Viracopos foi o único aeroporto premiado no US Customer Experience International Awards, levando a medalha de prata.

Foi liderando projetos como esses que, no decorrer destes poucos mais de dez anos, eu fui construindo minha história na aviação civil, e decolei de analista de Marketing para *head* de Gestão de Qualidade e Experiência do Cliente. Em 2022, a Associação Internacional de Profissionais de Experiência do Cliente (CXPA, em inglês) me apontou como "Emerging Leader" do ano e, em 2023, tive a honra de ser reconhecida duas vezes como a "Profissional do Ano no Mercado de Experiência do Cliente", tanto no Brasil (pela CSX Week) quanto globalmente (pela Customer Experience World Series).

A vida é uma soma de escolhas e eu não saberia dizer se, tivesse eu feito escolhas diferentes, qual teria sido o rumo da minha vida, mas a certeza que tenho é que escolhas precisam ser feitas a todo tempo! Então, se esforce para fazer as melhores escolhas dentro de seus contextos e que, preferencialmente, essas escolhas o tirem da zona de conforto e o façam explorar as mais diversas possibilidades.

Assim, deixo esta frase final para reflexão: **"Você faz suas escolhas e suas escolhas fazem você!"**

Transformando desafios em conquistas

Doris Costa

Carioca, apaixonada pela aviação, com mais de 40 dos seus 70 anos dedicados aos estudos da segurança da aviação civil, seja Safety ou Security. Formada pela Faculdade de Arquitetura e Urbanismo (FAU), da Universidade Federal do Rio de Janeiro (UFRJ), em 1978, hoje se considera uma planejadora de aeroportos, profissão que não existe oficialmente. Começou a atuar nessa área, no final de 1982, no extinto Instituto de Aviação Civil (IAC), órgão de planejamento do Departamento de Aviação Civil (DAC), hoje substituído pela Agência Nacional de Aviação Civil (ANAC). Com facilidade para ler e escrever em inglês, passou a elaborar estudos para o desenvolvimento dos principais aeroportos brasileiros, consolidados em Planos Diretores Aeroportuários (PDIR), utilizando a vasta literatura internacional sobre o assunto como base de conhecimento. Fez cursos de formação em Safety e Security na Organização da Aviação Civil Internacional (OACI). Representou o Brasil em grupos de trabalhos envolvendo outras autoridades mundiais, com o objetivo de atualizar a regulamentação da aviação civil internacional. Tinha o compromisso de internalizar os conceitos adquiridos, estruturando, coordenando e ensinando os assuntos em cursos nacionais. Depois de sua saída da Anac, em 2013, continuou atuando em planejamento aeroportuário como especialista em quase todas as áreas da aviação civil.

LINKEDIN

A paixão pela aviação começou na infância. Meu pai era piloto da Força Aérea Brasileira. Vivi em ambiente de aviadores militares até o fim da minha adolescência, quando viemos para o Rio de Janeiro.

Somos quatro irmãos. Sou a terceira filha e primeira mulher. Meus pais são primos em primeiro grau e a noção de família é muito forte nos quatro filhos, até hoje.

Ele gostava de novos desafios na área que escolheu: piloto e militar. Nos mudávamos muito, Recife (PE), Guarulhos (SP), Belém (PA), Brasília (GO), Santos (SP) e até nos Estados Unidos, em Montgomery, capital do Alabama. Terminou sua vida de militar no Rio de Janeiro, onde viveu, com a família sempre presente, até morrer em 2005.

Até os 20 anos vivi, praticamente, dois anos em cada cidade. Novas cidades, novas escolas e, muitas vezes, com conteúdo programático completamente diferente. Fazia um ano de inglês, um ano de francês, e depois voltava para o inglês. Lembrem-se que naquela época a língua ensinada oficialmente era o francês, mas se estava iniciando a mudança para o inglês.

Outro exemplo era a matemática. O Brasil estava começando a mudar a forma de ensinar a matemática. Começava-se a introduzir o que se chamava, à época, "matemática moderna". Esta é a base para o que se aprende hoje nas escolas. Mas a mudança de cidade me fazia navegar entre as duas formas de ensinar matemática. Isso ou o derruba ou o fortalece. Tive que recomeçar escolas e amizades a cada mudança. Creio, porém, que me fortaleceu para os desafios que a carreira me apresentou.

Valores e oportunidades

Os valores de responsabilidade, compromisso e amor à pátria vieram desse ambiente familiar, além, é lógico, da paixão pela aviação. Navegação pelas estrelas, missões de salvamento na Amazônia, visitas às tribos indígenas, Projeto Eclipse eram os assuntos de nossos papos depois do jantar, quando ele não estava em missão. Os netos que conviveram mais tempo com meu pai, com certeza, também tiveram a oportunidade de compartilhar essas experiências, que foram muitas.

Minha formação passou pela experiência de morar um ano na cidade de Montgomery, Alabama. Fomos todos para os EUA, pois valor importante para ele era a família unida. O outro objetivo que o levou a aceitar o desafio de viver fora com a família foi nos permitir a oportunidade de vivermos a experiência de uma vida no exterior e aprendermos o inglês. Fiz o primeiro ano do ensino médio como uma americana. Foi uma sorte. Tinha 15 anos e isso me permitiu formar a base para falar, ler e escrever em inglês, que tanto me ajudou na vida profissional.

Sonhos e primeiros passos profissionais

Cresci sonhando em voar, talvez pilotar uma daquelas máquinas incríveis, trabalhar com a aviação de algum modo. Entretanto, conforme crescia veio o conhecimento de que era difícil uma mulher se tornar piloto naquela época. Então desenvolvi a vontade de ensinar e, mais tarde, de fazer Arquitetura.

Passei no vestibular de Arquitetura e Urbanismo da Universidade Federal do Rio de Janeiro (UFRJ), onde aprendi a beleza das formas, mas também a importância de desenvolver um bom planejamento antes de qualquer projeto.

Antes mesmo de me formar, trabalhei numa empresa de loteamento em Niterói, a Urbanizadora Piratininga S.A. Lá aprendi a importância de trabalhar com dados confiáveis e de conhecer as regras/legislação que regiam as atividades da empresa. Fui muito feliz e conquistei um espaço importante como gerente da área técnica, primeira mulher neste tipo de função na empresa.

O início na Aviação

No início dos anos 80, resolvi sair em busca de novos desafios em uma área mais próxima de minha formação, a Arquitetura e Urbanismo. Saí deixando amigos queridos e a certeza de que minha atuação ajudou aquela empresa a estruturar seus processos.

Então, descobri que, no hoje extinto Departamento de Aviação Civil (DAC), havia um setor, denominado Instituto de Aviação Civil (IAC), que trabalhava com planejamento da aviação civil, em geral, e mais especificamente de aeroportos.

Havia muitos arquitetos e arquitetas trabalhando e identifiquei uma oportunidade de unir a Arquitetura com a minha antiga paixão, a aviação. Assim, parti para buscar uma vaga no IAC. Por uma coincidência de eventos, acabei iniciando minhas atividades no final de 1982. Foi um começo difícil. A situação contratual não era muito confortável, e ficava sempre na dúvida se iria continuar ou se acabariam me dispensando. Batalhei muito para ficar. Descobri que estava exatamente onde queria estar.

Os primeiros desafios

Descobri que poderia juntar a Arquitetura e a aviação com sucesso. Foram muitas histórias até ser efetivada como arquiteta, para trabalhar num setor da Divisão de Planejamento

Aeroportuário e Pesquisa do Transporte Aéreo – DPT, responsável por desenvolver planejamento aeroportuário. Foi um período de muito aprendizado até o final dos anos 1980. O IAC elaborava os documentos, denominados Planos Diretores Aeroportuários (PDIR), que buscavam estabelecer o planejamento para a expansão da infraestrutura aeroportuária brasileira. De 1984 a 1989, desenvolvemos os PDIR para os principais aeroportos brasileiros, administrados, então, pela Empresa Brasileira de Infraestrutura Aeroportuária (Infraero).

Quantos desafios! Como trabalhar na identificação dos problemas e propor soluções para o desenvolvimento dos sítios aeroportuários brasileiros, muitas vezes cercados por ocupação urbana e obstáculos. E vejo que continua um desafio até hoje.

É importante relatar que o IAC era uma instituição administrada por militares, pilotos ou engenheiros, e a direção dos setores era normalmente masculina, civil ou militar. Entretanto, a minha dedicação e o meu interesse pelo conjunto de atividades desenvolvidas na elaboração de um PDIR acabaram sendo recompensadas. Em 1988, passei a coordenar os trabalhos da área de planejamento da infraestrutura, inicialmente, e depois a assessorar o chefe da DPT em todos os assuntos relacionados com o planejamento aeroportuário, com ênfase para os PDIR em desenvolvimento.

Foi uma época muito difícil para mim como mulher. *Tive que conciliar a vida de mãe de dois meninos, um de 1985 e outro de 1988, com a vida de profissional com uma responsabilidade crescente. Ser mãe, mulher e profissional nunca é fácil.* Muitas vezes pensei em desistir, mas tive a sorte de contar com apoio em casa. Isso permitiu o meu desenvolvimento cada vez mais significativo num ambiente predominantemente masculino.

Os desafios da evolução profissional

No início dos anos 1990, a estrutura do IAC mudou. Em 1995,

passei a chefiar a Subdivisão de Planejamento de Aeroportos desse instituto. Passei a coordenar as reuniões com a Infraero e com diversos órgãos estaduais e municipais, visando tratar do desenvolvimento dos aeroportos. Minha dedicação acabou sendo recompensada e, em 2000, fui designada coordenadora técnica da DPT. Aqui comecei a abrir meus horizontes para várias áreas da aviação civil, além de aeroportos.

A formação como Instrutora/Professora

Outro ponto importante para minha formação é que o IAC tinha uma área de capacitação – Divisão de Instrução Profissional (DIP), voltada para a formação do pessoal da aviação civil. No período entre 1990 e 2006, foram ministrados vários cursos nas áreas de planejamento aeroportuário, planejamento do transporte aéreo, aeroporto e meio ambiente, plano diretor aeroportuário, sistema de gerenciamento da segurança operacional, entre outros. Alguns desses cursos contavam com a participação de alunos estrangeiros, da América Latina ou da África lusoparlante. Tive a honra de coordenar alguns, mas acredito ter ministrado aulas em todos eles. Assim, tive a oportunidade de realizar o outro sonho de adolescente, dar aulas, ser professora. Até hoje tenho muitos ex-alunos que me conhecem principalmente como professora e não como técnica.

A formação internacional

O IAC me deu a oportunidade de fazer cursos no exterior, na área da aviação civil, fazer visitas a outras autoridades aeronáuticas mundiais e crescer ainda mais na cultura da aviação e suas regras. Foi quando descobri que algumas dessas autoridades já estavam avançadas nas novas regras e processos. Essa formação serve de base para minhas pesquisas até hoje.

Os desafios da proteção da aviação brasileira contra o terrorismo

Com o ataque às torres gêmeas do World Trade Center, em Nova York, em 11 de setembro de 2001, os olhos de todas as autoridades de aviação civil se voltaram para outra ameaça, o terrorismo. Era necessário que todos os países signatários da Convenção da Aviação Civil, assinada em Chicago em 1944, iniciassem uma revisão rápida de sua legislação para enfrentar esse novo inimigo.

No Brasil não foi diferente. O material novo sobre o assunto estava sendo gerado de forma intempestiva em reuniões da Organização da Aviação Civil Internacional (OACI), mas apenas em inglês. Os responsáveis pelo setor no DAC não liam nem falavam inglês. Assim, acabei designada para compor uma equipe pequena responsável pela elaboração/atualização de nossa legislação voltada para a prevenção de atos de interferência ilícita (*security*) na aviação civil. Novo desafio. A língua não era problema, mas a cultura era muito diferente daquela a que estava acostumada no meu dia a dia.

Após três meses de trabalho intenso, fomos (dois oficiais e eu) designados para fazer o curso da OACI dedicado a formar técnicos das autoridades aeronáuticas dos países signatários daquela Convenção da Aviação Civil, como auditores de Security. Foi uma semana de discussões com especialistas de vários países. Estudamos muito, mas havia o receio de não sermos aprovados no final, que constava de prova escrita e uma entrevista com especialistas da área, em inglês. Passamos. Sou até hoje a única mulher brasileira a ter participado de uma auditoria internacional de Security, da OACI, que foi no Paraguai, em 2003.

Na volta, concluímos e entregamos a proposta de legislação nacional para ser avaliada pelas autoridades brasileiras envolvidas. Além disso, criamos um curso para internalizar os conceitos no Brasil, de forma a preparar o pessoal envolvido com os aspectos de prevenção de atos de interferência ilícita na aviação civil – Security. Ao final dessa fase, voltei para minhas atividades de planejamento. Desafio vencido.

O início da ANAC

No início dos anos 2000 começa a tomar forma a extinção do DAC/IAC e a criação da Agência Nacional da Aviação Civil (ANAC). Fui designada para participar, junto com alguns militares, de grupos de trabalho para definir o processo de transição. De novo um desafio e uma ótima oportunidade para conhecer mais sobre a estrutura da aviação civil brasileira, as áreas que iriam para a ANAC e as que ficariam sob o Comando da Aeronáutica. Vi o respeito pelas minhas ideias e o reconhecimento de minha trajetória. Assim, quando a Lei nº 11.182, de 27 de setembro de 2005, criou a ANAC, os processos estavam mapeados.

Tão logo a ANAC começou a funcionar, em 2006, fui convidada para ser a gerente de Certificação de Aeroportos. A certificação era um processo novo proposto pela OACI para a garantia da segurança operacional (*Safety*) na aviação civil, inclusive nos aeroportos. O Brasil estava atrasado em sua implantação, como muitos outros estados/países.

Foi outro período de muitos desafios. Era um setor para o qual não havia pessoal com experiência para me ajudar a desenvolver um processo estruturado. A ANAC estava começando a receber seus primeiros funcionários concursados, muito capazes, mas sem experiência na área de aeroportos. Estruturei uma equipe e iniciei um processo de familiarização e capacitação com a infraestrutura aeroportuária, enquanto, ao mesmo tempo, desenvolvia e implantava os processos para a certificação. Um fator complicador era que minha equipe estava dividida entre as cidades do Rio de Janeiro e de Brasília. Muitos não acreditavam que conseguiria, mas consegui. Hoje tudo que é feito para a certificação de aeroportos teve como base aquele trabalho inicial.

A Implantação do Sistema de Gerenciamento da Segurança Operacional (SGSO)

Com o processo de certificação dos aeroportos em andamento, surge outro desafio, implantar o Sistema de Gerenciamento da Segurança Operacional (SGSO ou SMS – *Safety Management System*) nos setores operacionais da ANAC, incluindo operadores aeroportuários, operadores aéreos e responsáveis pela fabricação/manutenção de aeronaves.

Esse processo envolvia, ainda, uma mudança da cultura de segurança operacional em todas as atividades da aviação civil brasileira. A grande dificuldade foi trabalhar em propor documentos nacionais envolvendo duas autoridades, separando as atividades de regulação da aviação civil, na ANAC, e de Controle do Espaço Aéreo, no Comando da Aeronáutica. Houve momentos em que não acreditei que seria possível, era uma mudança de cultura e de comando, mas conseguimos.

Fui selecionada para estudar na OACI e ser formada em SGSO/SMS, para facilitar a implantação do sistema no Brasil. O curso era em inglês. Consegui vencer e fui convidada para outro desafio, ser instrutora de SGSO no Brasil e no mundo. Para ser aprovada, precisei dar aulas, também em inglês, em um curso preparado pela OACI e ministrado nas instalações da ANAC. Fui aprovada e certificada como instrutora de SMS, em nível internacional. Durante muito tempo fui conhecida como a "mãe do SGSO/SMS" no Brasil.

A saída da ANAC

Em 2013 deixei a ANAC e passei a atuar como consultora na área de aeroportos. Nesses mais de dez anos desde que saí, vivi outros desafios. Hoje posso dizer que minha participação junto às empresas envolvidas na administração ou planejamento de aeroportos está se consolidando com resultados bastante satisfatórios. Sabem que podem contar com uma especialista com um vasto conhecimento, em quase todas as áreas da aviação civil, e que continua a aprender.

Hoje vejo a "minha equipe" assumindo cargos na ANAC ou na Secretaria de Aviação Civil (SAC). Sinto muito orgulho deles, como uma mãe que vê o sucesso de seus filhos.

Casos de sucesso profissional

É muito difícil alguém que trabalha com planejamento de longo prazo, como é o caso dos PDIR, ver a implementação de suas ideias e propostas, mas eu consegui!

Gosto de acreditar que o Aeroporto Internacional Pinto Martins, em Fortaleza, que é compartilhado com atividades da Força Aérea Brasileira, deve muito de seu sucesso ao meu trabalho de convencimento das autoridades militares sobre os riscos de desenvolvê-lo sem uma ampliação da área civil. Naquela época a aviação civil era comandada pelos militares. A ampliação da área civil implicaria diminuir a área militar.

Recordo-me de uma reunião no Estado-Maior da Aeronáutica, em Brasília, com vários oficiais de alta patente, para abordar o futuro daquele aeroporto. O objetivo era discutir os requisitos para a transferência de áreas militares para a aviação civil, visando permitir o desenvolvimento do aeroporto no longo prazo.

Foi uma reunião de muitos desafios. O Estado Maior da Aeronáutica ocupava um andar do prédio da Esplanada dos Ministérios. Uma mulher naquele ambiente não era comum e ainda mais expondo uma proposta desagradável para os militares. Tenho orgulho dos resultados alcançados. Hoje podemos ver a belíssima infraestrutura do aeroporto de Fortaleza

Outro caso que considero um sucesso foi minha participação em reuniões. Inicialmente me convidavam porque escrevia muito bem as atas. Essa é uma tarefa que poucos técnicos gostam de fazer, escrever, colocar no papel o que foi discutido, as decisões tomadas e os responsáveis pela implementação do que foi acordado. É um dos meus pontos fortes até hoje, pesquisar, racionalizar, escrever e concluir ou propor uma solução.

Assim, muitas vezes comecei como a pessoa que escrevia as atas, mas fui aos poucos estudando o assunto e participando ativamente das discussões. No final passei a ser um membro importante daquelas reuniões e de outras que surgiram.

> *Não há trabalho pequeno. Lembre-se que pode ser uma oportunidade para o seu crescimento como profissional e como pessoa.*

Destaco, ainda, minha participação em reuniões internacionais. Por cerca de quatro anos, tive a oportunidade de ser a representante do Brasil em grupos internacionais que discutiam os novos rumos para a segurança operacional da aviação, outro desafio. Tenho certeza de que o nome do Brasil, e o meu, ficou marcado nos participantes daquelas reuniões. Lembro-me com carinho dos momentos de amizade e papos que tivemos, após as reuniões.

> *Aprendi que é necessário acreditar no seu conhecimento, sua capacidade de aprender sempre, e não ter medo de encarar desafios.*

Mulheres na aviação

No começo de minha carreira, ainda no IAC, lidei com uma equipe fantástica de pedagogas e psicólogas que coordenavam a parte formal de como ensinar o pessoal das organizações envolvidas, bem como preparar os instrutores para as aulas de cursos que só eram oferecidos no IAC/DAC.

Aprendi muito. Aprendi como estruturar uma aula, como identificar os pontos a serem transmitidos e, principalmente, como identificar se os alunos entenderam a mensagem. O IAC é uma escola lembrada até hoje por quem participou de seus cursos. Além disso, a capacitação é uma área onde a mulher ainda tem uma forte participação.

Tive a honra de participar da formação de muitas mulheres e homens que hoje atuam e brilham nas diversas áreas relacionadas com a aviação civil, seja nas empresas aéreas, seja nos aeroportos ou mesmo na ANAC e na SAC.

Sucesso é conquistado

Quer ter sucesso? Prepare-se para compartilhar seus conhecimentos com os que estão entrando no mercado. Você vai precisar de pessoal capacitado para sua equipe. Aprendi muito com meus alunos. Lembre-se que experiência não se transmite, é preciso vivê-la.

O que gostaria de reforçar é que não desistam de seus sonhos. São muitos desafios para as mulheres, principalmente para as mães. Estude, diversifique seus conhecimentos e encare os desafios que a carreira vai oferecer a você. A aviação é feita de muitas regras e regulamentos, nacionais e internacionais. Não dá para parar de estudar.

O que a aviação foi para mim

Quando criança a aviação era um sonho. A vida dá as oportunidades. Acredite nos sonhos, mas trabalhe para realizá-los.

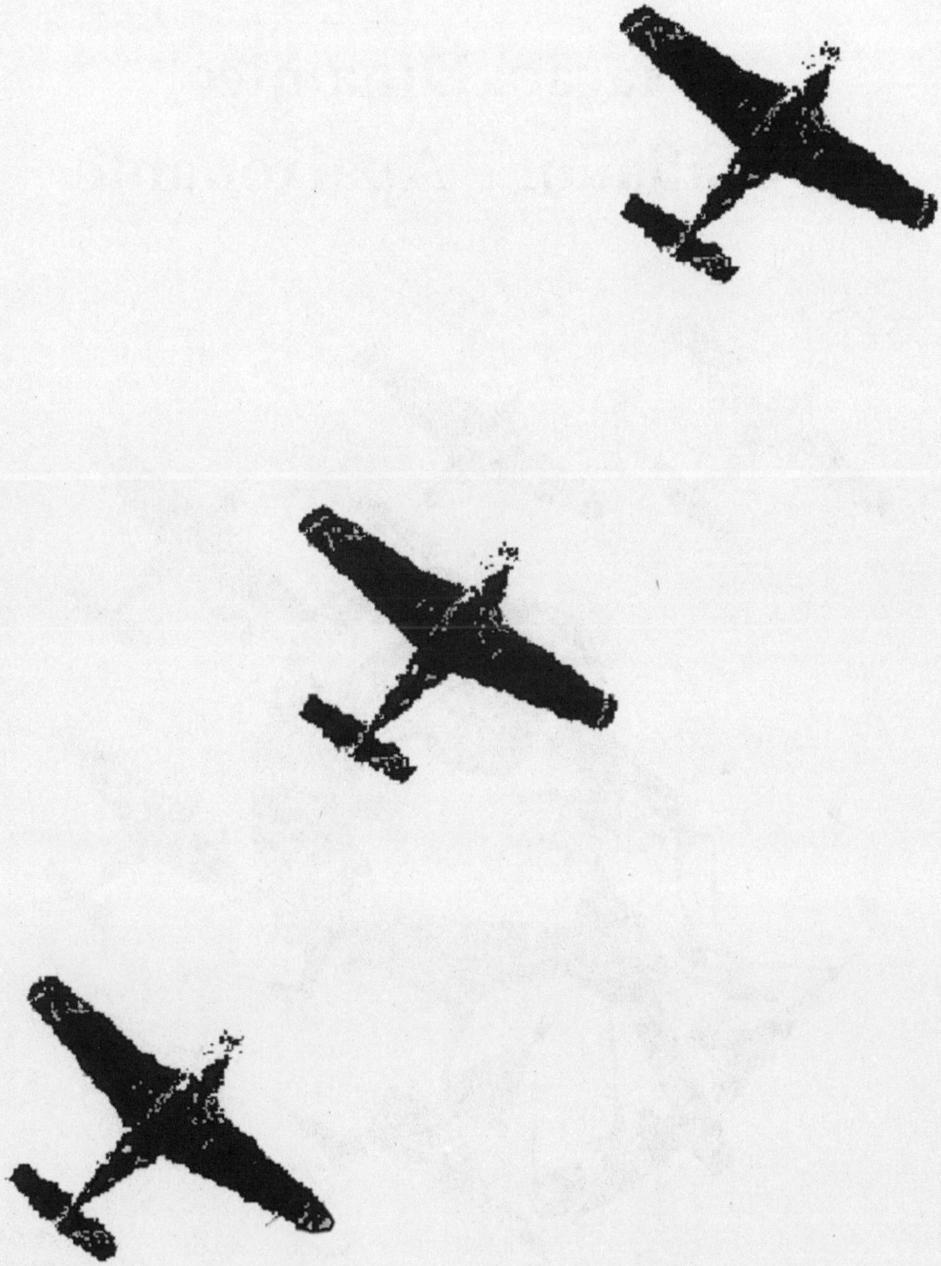

Aviação: Dinâmico, Desafiador e Apaixonante

Juliana Pareschi

39 anos, casada há 15 com Esdras, mãe do João Pedro de nove anos (meus maiores apoiadores e incentivadores) e dona do Faísca (nosso bebê de quatro patas). Administradora de empresas com MBA pela Fundação Getulio Vargas (FGV) em Gestão Empresarial e mais de 20 anos de experiência nas áreas administrativa e financeira em diversos setores como: bancário, telecomunicações, *food service* e há oito no apaixonante *business* da aviação. Atualmente atua na liderança da tesouraria e contas a pagar da Gol Linhas Aéreas.

LINKEDIN

1 – Como tudo começou

Venho de uma família muito unida e estruturada, meu pai trabalhou até se aposentar em uma montadora de veículos na área de administração e minha mãe foi telefonista até o nascimento da minha irmã mais nova, porém voltou ao mercado de trabalho mais tarde nas áreas de vendas e representação comercial. Meus pais sempre deram duro para nos proporcionar uma vida confortável e garantir nossos estudos. Minha mãe sempre dizia: "Não vou deixar herança, apenas estudo para vocês e com isso terão condições de correr atrás de suas oportunidades". E, assim, eles formaram três filhos, uma administradora, uma educadora física e um advogado.

A escolha da minha profissão foi simples e objetiva, eu queria fazer uma faculdade que me desse oportunidades de trabalho para conseguir a minha independência financeira, por isso, segui os passos do meu pai e decidi por Administração de Empresas.

Entrei na faculdade em 2006 e no mesmo ano consegui minha primeira oportunidade profissional, um estágio no banco HSBC para atuar na parte de atendimento ao público. Foi uma experiência enriquecedora, porém, como estava estudando Administração, tinha muita vontade de trabalhar dentro de uma empresa, foi aí que consegui um estágio na área de recursos humanos, para atuar em recrutamento e seleção, na empresa de Telecomunicações Alcatel.

Já no último ano da faculdade, o objetivo era um emprego efetivo (o que não iria acontecer na Alcatel). Fui então em busca de novas oportunidades e iniciei minha jornada na área financeira, na empresa chinesa Huawei. Foram nove anos de muito trabalho, aprendizado e crescimento profissional, iniciei como estagiária e aos 24 anos tive minha primeira experiência como líder, assumindo a cadeira de supervisora financeira. Cresci junto com a empresa, participei de implementação e atualização de sistema de gestão (ERP) e tive o prazer de atender a um treinamento na China junto com colaboradores do mundo todo, uma imersão cultural fantástica com muita troca de experiências e conhecimentos. Em novembro de 2015 esse ciclo se findou quando retornei da minha licença-maternidade, um momento muito difícil que estava sendo compensado diante do meu maior presente, o nascimento do meu filho João Pedro.

Apesar de estar com um bebê em casa e ser muito questionada sobre "aproveitar" o momento e dar uma pausa na carreira, como uma boa brasileira, não tinha condições de ficar em casa e não queria abrir mão da minha carreira, afinal, podemos muito bem trabalhar e cuidar de nosso filhos. Comecei então a participar de novos processos seletivos. Na véspera do Natal, fiz a primeira entrevista para uma oportunidade que me deixou animada, porém, não muito otimista, pois se tratava de uma vaga de coordenador de tesouraria em uma empresa no ramo de aviação. Oh, Meu Deus... o que sabia eu do ramo de AVIAÇÃO?! Seria perfeito, imagina eu, trabalhando em uma empresa que com os seus serviços proporciona momentos felizes através de viagens.

2 – Conhecendo a Aviação

Deu certo!!! Fui aprovada para a vaga e no começo de março lá estava eu, iniciando minhas atividades no ramo da aviação, na empresa Avianca (a quarta maior companhia aérea atuando no Brasil na época).

A primeira impressão é que o setor é único e "pequeno/fechado", muitas pessoas tinham muito tempo na aviação, com anos de casa ou experiência em outras companhias aéreas. E me chamou bastante a atenção também a diversidade e o foco no lado humano, realmente se importavam com as pessoas!

Por outro lado, encontrei muitos desafios na tesouraria da Avianca, as atividades eram feitas de forma muito manual, mesmo a empresa tendo um sistema de pagamentos, não tinham vans bancárias e as solicitações a pagar eram por telefone ou e-mail, além de todos os borderôs (conjunto de notas a pagar) ainda serem em papel. Mas com o tempo conseguimos automatizar muitos processos, além de reestruturar a área, deixando-a mais sênior.

Conforme você vai entendendo e vivenciando o setor, percebe que os desafios são muito maiores, os custos da aviação são muito altos, além de serem dolarizados e com muita influência do petróleo.

Tudo o que compõe a aeronave é complexo e muito caro, pois precisa suportar as condições na altitude (os materiais de todos os equipamentos precisam ser diferenciados, mais resistentes). Além disso, existem muitos serviços específicos obrigatórios (*catering* – alimentação, e *handling* – conhecido como serviço de rampa, referente a todo o suporte na área do aeroporto). Outro custo muito relevante é relacionado a atrasos e/ou cancelamentos, a partir de um certo tempo de atraso no voo, os passageiros têm direito a refeição, hospedagem e transporte (obrigações existentes apenas no Brasil, o que encarece muito a operação). Os processos judiciais contra as cias aéreas também possuem um volume muito alto em quantidade e valor, com representatividade significativa nos custos.

Enfim, a gestão financeira das cias aéreas é muito desafiadora, equilibrar custos com receitas e descasamento de caixa (pagamentos ocorrem antes dos recebimentos) exige grandes esforços.

Em maio de 2018 ocorreu a crise dos caminhoneiros, que paralisou o Brasil durante dez dias. Esse acontecimento foi suficiente para prejudicar muito o setor aéreo e marcou o início da crise na Avianca, que não conseguiu se recuperar e entrou em falência no ano seguinte.

Dada a crise na Avianca em 2019, aceitei a proposta de uma pequena multinacional americana do ramo de *food service* para atuar como líder da área financeira. Eu assumi o departamento inteiro, composto pelo contas a pagar, a receber e tesouraria, além da gestão dos seguros e de contratos. Aprendi bastante, mas pude contribuir muito também, reestruturando todo o departamento financeiro, realizando estudos com todas as demais áreas da empresa e montando o caixa projetado, tornando possível o acompanhamento versus o realizado e melhor gestão dos recursos, além da implementação de relatórios gerenciais. Foi um desafio muito interessante, minhas experiências anteriores foram em grandes empresas e indico a todos que puderem que busquem uma empresa enxuta para trabalhar. Minha passagem por lá foi intensa, mas rápida, após seis meses recebi o convite da minha antiga gestora na Avianca para fazer parte do time da tesouraria da Gol (voltar para o *business* desafiador, mas que tanto me encantou, seria perfeito).

Em novembro de 2019 meu sangue se tornou laranja e embarquei na Gol. Chegando lá, a realidade era completamente diferente da Avianca, saí de uma empresa de dono e entrei na Gol com capital aberto, muito mais estruturada.

A Gol passava por um período de crescimento, inclusive estava buscando a melhora de seu *rating*. Eu teria muito a aprender e crescer junto com ela.

A tesouraria da Gol é supercompleta e complexa, o portfólio de produtos bancários contratados era enorme, indo de cartas de crédito e debêntures até *bonds*. Havia também muitas operações de *hedge* de combustível montadas. O meu foco inicial seria entender o fluxo de caixa, tanto a projeção, quanto o comparativo com o realizado e relacionamento bancário para manutenção ou aumento de crédito.

Mas em março veio a pandemia, causada pelo covid-19. A princípio seriam 15 dias de isolamento, mas neste curto período de tempo a variação do dólar e petróleo já mostraram os primeiros impactos ao setor, afetando a liquidez da companhia.

O período de isolamento se prolongou, em abril os voos se reduziram muito e as vendas começaram a cair na mesma proporção. Com isso iniciamos a negociação de extensão de prazo de pagamento com fornecedores e bancos.

Era um momento de muita incerteza e isolamento; com a quantidade de mortes aumentando de forma exponencial no mundo, o nosso trabalho ficava cada dia mais árduo, jornada de trabalho com pelo menos 12 horas eram necessárias para atender a todas as demandas da rotina, relatórios extras e em diferentes formatos, com todo tipo de informação. E em paralelo eu tinha uma criancinha em casa (em idade de alfabetização, longe da escola e do convívio social) e um marido para dividir o espaço ("escritório") e a atenção. Definitivamente foi o período mais desafiador da minha vida, tanto pessoal como profissional. Para encontrar o equilíbrio foi difícil e demorado.

Os meses foram passando e a gente se adaptando e descobrindo as novas formas de trabalhar. Com o tempo os voos e as vendas voltaram a aumentar, mas ainda estávamos atravessando um deserto (como dizia o CEO na época), não sabíamos por quanto tempo e o que ainda teríamos que enfrentar.

Porém veio a boa-nova, a vacina! Ela chegou aos poucos, mas trouxe esperança de que as coisas voltariam ao normal. E foi isso que aconteceu, com o tempo e as pessoas vacinadas, o isolamento foi diminuindo até acabar.

Todos de volta ao escritório, mesmo que de forma híbrida, iniciava-se um novo período de adaptação.

O setor aéreo foi muito afetado e teve alteração no perfil de seus consumidores, o cliente corporativo, por exemplo, não retornou na mesma proporção pré-pandemia, afinal, aprendemos a trabalhar de forma on-line e que podemos usar algumas ferramentas para nos conectar aos demais. Por outro lado, surgiu um novo tipo de consumidor, o cliente corporativo que voltou, agora leva a família junto, isso muito influenciado pela forma de trabalho híbrido.

Ainda estamos entendendo o mundo pós-pandemia e a GOL continua trabalhando para se recuperar dos impactos e mudanças deste período. Atualmente passa por um processo de reestruturação, mas de forma muito organizada e promissora, retomamos os projetos de revisão e automatização de processos, com foco na maior eficiência, para voar muito mais alto nos próximos anos. Fazer parte disto tudo é um grande aprendizado diário, que irá contribuir para meu crescimento pessoal e profissional.

Mas cadê as vantagens? Por que é tudo tão apaixonante, realmente valem a pena todos os esforços, sacrifícios e dedicação?

3 – Apaixonante

Em um passado não muito distante muitos não tinham acesso ou condições para voar, porém de uns 20 anos pra cá cada vez mais pessoas têm oportunidade de utilizar esse meio de transporte para realizar uma viagem dos sonhos, para visitar familiares e até para chegar a outro escritório da sua empresa. A aviação encurta distâncias.

Poder trabalhar numa cia aérea e participar desta operação, estar dentro deste *business* é muito interessante e gratificante e isso faz com que os envolvidos trabalhem com paixão, deixando um ótimo clima dentro da empresa.

E não é só isso, normalmente os colaboradores recebem

um benefício de desconto de passagem, que varia de uma cia para outra, mas no geral com um valor simbólico você pode garantir o seu bilhete. As passagens são emitidas com *status* de "standby", que significa que você só embarcará se houver lugar vago no voo, mas com um pouquinho de flexibilidade o mundo está ao seu alcance. E pode ter certeza que você terá muita história e aventuras para contar. Trabalhar na aviação me proporcionou oportunidades de conhecer lugares diferentes, ir aos meus lugares favoritos no mundo junto com minha família e algumas histórias para contar.

O ramo da aviação é dinâmico (não há rotina), muito desafiador (manter o equilíbrio e estar sempre preparado para os próximos impactos externos) e apaixonante (o ser humano importa e, o mais interessante, permite nos conectar ao mundo). Além disso é uma escola, aprendemos todos os dias, temos muitas oportunidades e experiências de vida.

Espero continuar ainda por muitos anos neste *business*, enfrentando os desafios diários e aprendendo sempre cada vez mais, além, é claro, de aproveitar os benefícios!

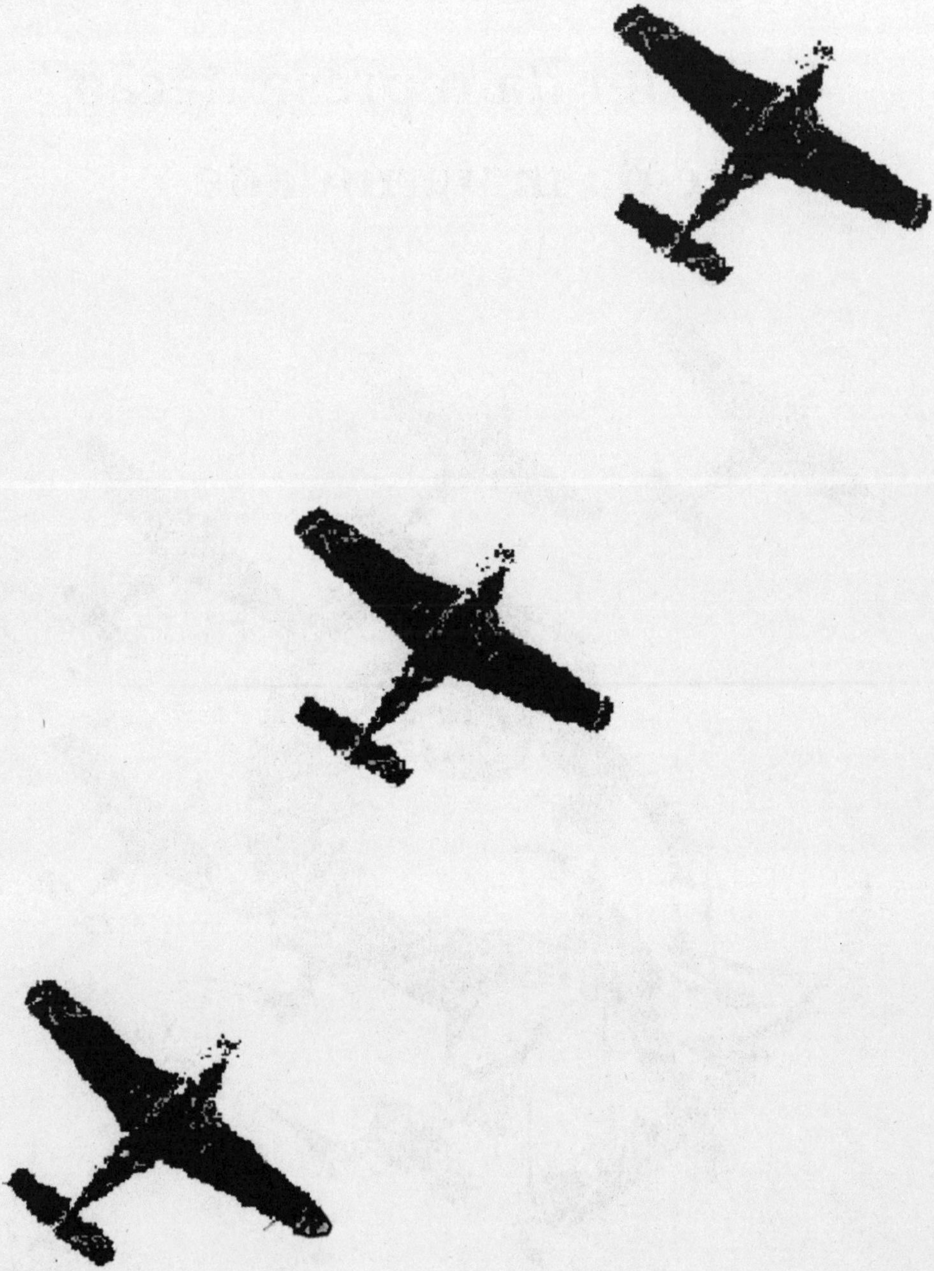

O poder da representação e da maternidade

Juliana Pavão

Ingressou na Boeing em outubro de 2022 como diretora de Relações Governamentais para América Latina e Caribe. Nesta função, ela é responsável por todas as relações institucionais, desenvolvimento de estratégias regionais, ponto focal para engajamento com comunidades e universidades, além de executiva apoiadora do grupo de diversidade e inclusão focado em equidade de gênero (BWIL) para América Latina, líder de Estratégia Global para pessoas com deficiência (BEAAA). Com mais de 15 anos de experiência no setor aeroespacial, sempre atuou nas áreas de Estratégia e Relações Governamentais. Desempenhou papéis importantes em projetos estratégicos para a indústria brasileira, como a disputa Brasil-Canadá na OMC e o acordo Boeing-Embraer JV-C390 Millennium. Iniciou sua carreira em Inteligência de Mercado na Aviação Comercial da Embraer, atuando posteriormente com em Assuntos Governamentais e na unidade de negócios de Defesa & Segurança. Possui MBA em Relações Internacionais pela FGV-SP, onde atua como mentora de alunos de graduação, também realizou cursos executivos em Estratégia de Sustentabilidade Empresarial no Massachusetts Institute of Technology (MIT) e Política Internacional na Universidade de Cambridge, Reino Unido. Carioca, radicada em São Paulo, esposa, mãe de três meninos e um cachorro.

LINKEDIN

É interessante pensar que a aviação sempre esteve presente em minha vida, mas que inicialmente eu jamais havia cogitado fazer parte dela, de forma mais ativa. Nasci no Rio de Janeiro (RJ), mas eu ainda era muito pequena quando nos mudamos para São Pedro d'Aldeia (RJ) para que meu pai fizesse o curso de piloto de helicóptero do Exército Brasileiro e, mais tarde, para Taubaté (SP), no Comando de Aviação do Exército. Passei minha infância vendo helicópteros decolando, mas por algum motivo – provavelmente, devido à falta de mulheres neste meio na época – jamais cogitei seguir esta carreira. Meu caminho só cruzou novamente com a aviação durante a faculdade e ainda bem que o fiz.

O mundo e suas diferenças sempre me encantou. Entender as diversas formas como as pessoas vivem e convivem foi um dos grandes fatores que me fizeram seguir a carreira de Relações Internacionais. Estudei idiomas desde pequena, segundo minha mãe eu pedi para aprender inglês – e obrigada a ela por me ouvir, e acredito que esta habilidade me abriu muitas portas no início, até além de minhas qualificações acadêmicas. Tive uma oportunidade que mudaria minha visão de mundo após um intercâmbio no Canadá aos 16 anos e, ao retornar ao Brasil, eu estava determinada a seguir algo que me conectasse ao mundo e que isso fizesse parte do meu dia a dia. Mesmo assim, não me recordo de pensar na aviação como um meio para atingir este objetivo, e sim apenas como um meio de locomoção. Lecionei inglês para crianças e adultos para manter o conhecimento, mas acima de tudo como forma de ganhar autonomia e independência financeira – claro que ainda muito longe disso.

Apesar da enorme pressão familiar para que eu seguisse a carreira no setor público – todos eram concursados –, nunca senti que este seria o meu caminho. Ingressei na faculdade de Administração com Ênfase em Comércio Exterior, pois cursos em Relações Internacionais ainda não eram tão comuns e consolidados. Durante o segundo ano da faculdade, um de meus alunos de inglês mencionou que a empresa onde ele trabalhava estava à procura de um estagiário com nível fluente em inglês para atuar na área comercial, na qual essa pessoa seria responsável, junto com o proprietário da empresa, pelas vendas internacionais da empresa. Era uma empresa de pequeno porte, fornecedora de peças para indústria automobilística e, apesar de não parecer exatamente a oportunidade que eu buscava, eu sabia que o importante era começar, ingressar no mercado de trabalho, ganhar experiência, conhecer pessoas. Aquele caminho me parecia natural para alcançar o "emprego dos sonhos", seja lá o que isso representasse na época. E, assim, minha carreira no ambiente de negócios iniciava-se.

Enquanto nessa empresa, eu comecei a procurar estágios em empresas de maior porte, que tivessem uma dinâmica internacional maior. Uma das oportunidades mais interessantes, na Embraer em São José dos Campos – SP, depois de um processo seletivo bastante competitivo e de chegar na última etapa, infelizmente, foi onde recebi a minha primeira negativa profissional. Me lembro bem do caminho de volta para pegar o ônibus na Dutra e achando que seria o fim do mundo, que jamais conseguiria trabalhar numa empresa como esta. Mal eu sabia que toda a preparação, *business cases* e dinâmicas de grupo iriam me abrir os olhos para uma nova indústria, incrível, cheia de oportunidades e que poderia me trazer realizações muito além do imaginado. Pronto, ali começava o meu interesse profissional pela aeronáutica! E, persistente (alguns diriam teimosa) que sou, eu não iria desistir. A vida seguiu, me candidatei em outras empresas – inclusive na Embraer novamente – e após alguns meses recebi uma ligação falando que eu havia sido selecionada para a área de Inteligência de Mercado da Av. Comercial da Embraer. Dá-se início à minha carreira neste setor pelo qual sou apaixonada, mas que nem sempre foi uma jornada linear ou ascendente.

Interessante pensar que a planta da Embraer onde eu trabalhava tem mais de 10 mil funcionários, portanto, possui uma dinâmica bastante única, quase como se fosse uma pequena cidade. Foi lá que conheci meu marido, no meu primeiro dia de estágio – ele também estagiário -, fiz grandes amigos e o mundo me abriu portas.

Quando comecei meu estágio, lembro-me de pensar no quão diferenciadas eram aquelas pessoas que trabalhavam lá e a sorte que eu tinha em aprender com elas. E, talvez por não estudar em uma universidade de ponta ou por não querer perder aquela oportunidade, eu me cobrava muito, não me achando boa o suficiente (Alô, síndrome de impostora!) e me dedicava a sempre fazer o melhor trabalho possível. No decorrer do tempo, algumas mudanças na área foram acontecendo e, visando uma futura efetivação como analista, percebi que precisaria aprofundar alguns conhecimentos e desenvolver meu relacionamento dentro da empresa. Desenvolvi interface com a área financeira, de relações governamentais, suprimentos, dentre outras. Aos poucos fui me tornando referência nas minhas atividades, que resultaram em minha efetivação. Uma efetivação que não veio sem muita insegurança, pois ela ocorreria no ano de 2008, em meio a uma crise econômica global que afetou fortemente o setor aeroespacial, o que causou uma das experiências mais marcantes em minha carreira, quando 4 mil pessoas foram demitidas no mesmo dia, em 2009. Lembro-me do sentimento de vazio ao ver pessoas queridas juntando suas coisas e várias saindo ao mesmo tempo pelo portão da empresa.

O tempo passou, e a vida foi ajustando-se. Me casei, mudei para São José dos Campos e começamos a construir nossa vida juntos. Dividimos momentos difíceis e felizes juntos, fizemos uma festa linda para celebrar nosso amor com a família e poucos amigos mais próximos, cuidamos de nosso primeiro cachorro, começamos a decorar nossa casa, viajamos bastante, presenciei sua felicidade em sua primeira viagem de avião – e que honra é compartilhar e presenciar suas conquistas. Tivemos nossa casa assaltada e levaram praticamente tudo, recomeçamos, nos mudamos para um apartamento buscando mais segurança, e sempre nos apoiando, garantindo que, apesar das dificuldades, se estivéssemos juntos, conseguiríamos passar por esta fase melhores e mais fortes. E isto me lembra de uma das frases que mais acredito sobre mulheres que buscam crescer profissionalmente que diz que nós só temos duas opções realmente: um(a) parceiro(a) que nos apoie ou nenhum(a) parceiro(a). Seu parceiro não pode ser uma âncora para seus sonhos e objetivos, precisa lhe dar asas, sonhar junto, mostrar que é possível, trabalhar em parceria – e nós também fazermos o mesmo, claro. Obrigada por tudo. Te amo!

Uma parceria ampla, onde ambos se apoiam, implica que haverá momentos em que o parceiro precisará dar passos para trás para que sua carreira evolua, e que você também o fará em algum momento, considerando a realidade e a prioridade familiar. E esta dinâmica, apesar de parecer óbvia, não é simples, ela se altera com o tempo e há uma certa expectativa social, talvez até em nosso modelo mental – por isso a necessidade de uma escolha consciente – que espera que mulheres apoiem incondicionalmente suas famílias e abdiquem de carreiras e sonhos por elas (ou que pelo menos não sejam tão ambiciosas). E como eu poderia dar o melhor de mim por eles se eu também não me olho e reconheço meus próprios sonhos? A Juliana é feita de vários pedaços e todos me tornam a pessoa que sou. Sou melhor mãe e esposa porque trabalho, e melhor profissional pois tenho uma família que me apoia e me traz para o presente, lembrando sempre o que realmente importa e o que levamos de nossa vida.

Acredito que um dos grandes diferenciais em minha carreira foi que eu sempre tive muito claro o que me trazia realização e o que eu buscava. Sempre acreditei na parceria entre o setor público e privado para geração de valor para a sociedade e melhoria de vida das pessoas. Eu acredito que minha experiência em analisar mercado, entender como os *players* da indústria aeronáutica atuam, suas estratégias e sua relevância para seus governos me trouxe conhecimento e habilidades que são grande diferencial em como trazer resultados concretos para as unidades de negócio da empresa. Um dos meus principais pontos fortes está na construção de *network*, desenvolver relacionamentos dentro e fora da empresa e conectar pessoas. Desde meu início do estágio, eu fui mapeando potenciais áreas em que eu teria interesse em me desenvolver futuramente e encontrei formas de atuar mais próximo a elas, contribuindo para suas atividades, entregando valor e desenvolvendo relacionamentos com as pessoas da área.

Com o tempo, fui convidada para atuar na área de Relações Governamentais, em que fui responsável pelo Comércio Internacional e onde tive um dos grandes pontos altos de minha carreira em interface com o Itamaraty, apoiando a disputa comercial dos subsídios aeronáuticos na Organização Mundial do Comércio (OMC). Depois fui convidada para retornar à Inteligência de Mercado, assumindo meu primeiro cargo de liderança como coordenadora. Viajei o mundo, conheci países como China, Singapura, França, dentre outros. Uma experiência riquíssima e crucial para entender como questões culturais moldam nossas interfaces e forma de raciocínio, consolidando minha paixão pelo mundo.

Em 2015, eu pedi demissão da Embraer visando a uma oportunidade no Canadá e, ao mesmo tempo, meu marido assumia um cargo de Diretoria na Embraer e se mudaria para São Paulo, capital. Havíamos acabado de comprar nosso primeiro apartamento e víamos duas oportunidades incríveis nos levando para caminhos distintos, todas fora de onde morávamos. Apesar do meu lado racional me empurrar para o Canadá, meu coração a cada dia ficava mais pesado e, claramente, eu não estava feliz. Depois de muita conversa (e vinhos!), sabíamos que qualquer decisão traria desafios, mas que, se estivéssemos juntos, passaríamos por ela melhor e sairíamos mais fortes. Mudamo-nos para São Paulo em um período de forte crise econômica, o que dificultou minha recolocação no mercado de trabalho. Iniciei um MBA em Relações Internacionais (algo que sempre quis fazer) e complementei com um curso no exterior de Políticas Internacionais.

Após quase um ano, fui indicada internamente na Embraer para uma vaga na área de Inteligência de Mercado no setor de Defesa e Segurança, que estava em São Paulo. Apesar de esta vaga não ter me atraído inicialmente, ela foi uma das experiências mais incríveis e conectadas a minha área de formação, que me deu muita exposição e também me ensinou bastante. Entendi ainda mais a fundo como uma parceria entre governo e empresa pode desenvolver economicamente um país – o que foi tema de minha conclusão do curso, entendi como empresas apodem apoiar países em projetos estratégicos de soberania e projeção de influência geopolítica regional e até mesmo global, através da parceria público-privada.

Após a conclusão do MBA e de quase dez anos de casados, eu e meu marido decidimos aumentar nossa família e começamos a tentar engravidar. Após um ano tentando, descobrimos que nem sempre esta é uma jornada fácil e que, no nosso caso, precisaríamos de ajuda especializada para conseguir. Durante o tratamento, rumores de uma possível aquisição da Embraer pela Boeing começaram a circular e, sem pensar duas vezes – sabia que seria uma ótima oportunidade profissional –, pedi para participar do projeto, caso se concretizasse. Poucos dias depois eu estava trabalhando na Coordenação do *Business Plan* para o desenvolvimento da *joint-venture* do C-390 Millenium. No meio do processo, finalmente conseguimos engravidar de nosso primeiro filho. Sentia-me energizada e muito motivada pelas oportunidades futuras.

Saí de licença-maternidade e, ao retornar, duas semanas após, viria o *lockdown* devido ao Covid-19. Lembro-me de olhar pela janela de nosso apartamento e me preparar psicologicamente para deixar meu bebê no berçário, retornar à vida profissional e, de repente, estava eu no mesmo lugar, me preparando para ficar mais restrita novamente, em um mundo tão incerto e com um bebê de colo. E, neste momento de tantas incertezas, minhas principais atividades já haviam sido distribuídas a outras pessoas durante minha licença e jamais retornariam, me tirando visibilidade e desafios que tanto me motivavam. Neste cenário de pandemia, eu também tomei uma decisão consciente de que, se os meus quase 15 anos de carreira não tivessem sido suficientes para provar meu valor à empresa, não seria neste momento que isto aconteceria. Meu foco era passar pela pandemia com minha família bem, física e mentalmente, e não iria entrar no jogo corporativo de disputa de funções.

Segui fazendo a minha parte, mas das situações mais marcantes era a dificuldade de gerenciar a maternidade, carreira e uma pandemia em um apartamento. E, mesmo tendo o privilégio de contratar uma babá para podermos trabalhar mais focados, lembro-me de homens, que tiveram filho na mesma época que eu, conseguirem trabalhar com portas fechadas o dia todo, enquanto eu e meu marido precisávamos nos revezar. Não foi à toa que esta necessidade de uma rede de apoio nos gerou uma exposição e eu fui a primeira de minha equipe a contrair Covid. Com receio de parecer "corpo mole", continuei trabalhando mesmo com o vírus, e lembro-me de chorar, exausta e com dores, no banheiro, dizendo para meu marido que não achava que conseguiria passar por tudo aquilo. Foram dias difíceis, mas saímos todos bem. E, não vou mentir, apesar dos grandes desafios que a pandemia nos trouxe, ela nos proporcionou oportunidades que provavelmente não teríamos se não tivéssemos passado por ela. Eu estava presente nos primeiros passos do meu filho, ouvi as primeiras palavras, curti seu primeiro ano de corpo e alma. Difícil imaginar que no cenário de pandemia o isolamento social poderia ter sido um grande presente para o convívio e acompanhamento de nosso bebê. Todo este período mudou minha visão e perspectiva sobre como conciliar carreira e maternidade.

Aliás, ser mãe nunca foi um sonho, no máximo uma vontade. Mas, quando me tornei, a força e amor que surgiram foram divisores de água em minha vida. Meus filhos vieram para me tornar uma pessoa melhor, uma pessoa que nem eu mesma sabia que gostaria e poderia ser. Quando meu filho estava prestes a completar um ano, voltamos a pensar em um segundo filho e iniciamos o tratamento para conseguir engravidar novamente, afinal, meu corpo já dava sinais de que teríamos dificuldade novamente devido ao meu ovário policístico. Felizmente, seguimos o mesmo protocolo que havia dado certo no primeiro filho e, na primeira tentativa, mais um membro da família estava a caminho. Eu estava radiante com possibilidade de ter uma família incrível, mas, profissionalmente, não podia dizer o mesmo. Lembro que ao retornar de minha segunda licença-maternidade, ainda em isolamento, a liderança não tinha disponibilidade nas primeiras semanas para falar comigo e, ao falar com outros colegas, eu já buscava por novas oportunidades, pois sabia que ali eu não cabia mais, nem mais aquela área me cabia. E, aproximadamente 20 dias após meu retorno da licença-maternidade, eu senti na pele o peso e falta de equalidade quando entrei para a estatística ao ser demitida do meu emprego de mais de 15 anos.

Segundo a FGV-SP, no Brasil, aproximadamente 50% das mulheres ficam fora do mercado de trabalho, a maioria sem justa causa e por iniciativa do empregador, após dois anos do nascimento do filho. E, aqui vale um parêntese, já que esta é uma de minhas maiores causas. Apesar de eu ter sido demitida logo ao retornar da licença de meu segundo filho, foi ao retornar da licença-maternidade de meu primeiro filho que os primeiros "sinais vermelhos" deveriam ter sido identificados. Neste mesmo estudo, a FGV identificou que um dos principais fatores para o desligamento de recém-mães está com a mudança de seu escopo e responsabilidade de trabalho após seu retorno, algo que me aconteceu. Nós precisamos parar de normalizar estas distorções, pois provavelmente você conhece alguém que passou por esta situação e, talvez, sua voz pudesse ter feito a diferença, ter tornado mais claro que mais uma profissional saía do mercado de trabalho por motivos que pouquíssimos (ou quase nenhum) homens saem. E, como se não fosse suficiente, a recolocação torna-se ainda mais difícil, pois, nos processos seletivos, as pessoas seguem fazendo perguntas pessoais a mulheres que se encontram nesta situação, questões que também jamais fizeram a homens, por exemplo, caso as crianças fiquem doentes, se teríamos com quem deixá-las. Por isso, sempre serei grata à Boeing, pois sempre me senti respeitada e valorizada pelas minhas habilidades profissionais, mas também pelas habilidades que as minhas próprias características pessoais trazem. Particularmente falando, conheço poucos profissionais tão capazes e motivados como as mães. Nossa capacidade de gestão de tempo, conflito, visão empática e constante aprimoramento são imbatíveis. Maternidade é um MBA 24 horas por dia, sete dias da semana, um intensivo que nos torna a melhor versão de nós mesmas.

Um ponto bastante interessante é que eu não fui aprovada em meu primeiro processo seletivo para entrar na Boeing. Mas, todo o processo foi conduzido de forma tão respeitosa, sem perguntas pessoais que não seriam feitas a outros candidatos, com foco somente na avaliação de minhas capacidades em exercer a função e, pra finalizar, o *feedback* do executivo responsável pela vaga me explicando o motivo da minha não contratação. Fiquei arrasada, mas, vendo toda a condução da seleção, eu tinha certeza que era em empresas como esta que eu queria – e iria – trabalhar. Estava decidido e eu iria me empenhar ao máximo para conseguir. Peguei uma parte da rescisão que recebi do meu emprego anterior, me inscrevi em um curso do *Massachusetts Institute of Technology* (MIT), endereçando o *feedback* recebido pelo executivo. Poucos meses depois, minha atual função foi divulgada e, ao ver a descrição, eu só conseguia pensar que aquela vaga era feita para mim, era com a qual eu sempre havia sonhado. Preparei-me para o processo seletivo já conhecendo um pouco melhor a empresa e ainda tive uma grata surpresa ao ser novamente entrevistada por um dos executivos do processo anterior, que viria a ser meu chefe – e exatamente o chefe que eu precisava nesta etapa em minha vida. Encontrar na empresa um ambiente acolhedor foi fundamental para me reconstruir e me redescobrir como profissional. Houve muito receio no início, mas ter espaços e pessoas abertas a ouvirem e compartilharem histórias e diferentes visões fez toda diferença para que eu pudesse "juntar os cacos" que haviam ficado pelo caminho e ser eu mesma, dar a minha melhor versão pela empresa e toda a sociedade. Poder me reencontrar como profissional, ser inspiração como mãe aos meus filhos, entendendo que a "nova Juliana" é feita da Ju profissional, Ju mãe, Ju esposa, Ju filha, Ju amiga, e a Ju cheia de sonhos, que dá seu melhor e que todas estas versões se completam, me completam.

Também tem sido uma jornada que tem trazido conhecimento (e aceitação) de minhas próprias limitações. Sigo aprendendo, talvez a lição mais difícil para mim, a ser mais gentil e inclusiva comigo mesma. Além disso, ser diretora de Relações Governamentais e Institucionais da Boeing tem sido uma oportunidade incrível! Unir todos os meus conhecimentos desenvolvidos nas áreas de Inteligência de Mercado, apoiando as unidades de negócio, junto com Relações Governamentais, e ao mesmo tempo trazer uma agenda de investimentos, oportunidades de emprego e desenvolvimento tecnológico no Brasil, aumentando possibilidades e horizontes, é realmente uma grande honra e privilégio.

Trabalhar com o que gosto e ver o impacto na vida das pessoas é com certeza o que mais me motiva. Costumo brincar que nesta mesma função ainda trazemos outras pautas que são a "cereja do bolo", iniciativas de engajamento com a comunidade para atrair mais meninas para STEM, melhorar a educação pública onde atuamos, equidade e igualdade para diversos grupos com menor representatividade, buscando que eles tenham mais oportunidades e acesso – assim como eu tive. Sinto-me um verdadeiro resultado destas iniciativas e trago comigo a responsabilidade de garantir e espalhar que outras e outros também as tenham. Em um evento que promovemos globalmente, "*Women in Aviation*", eu tive a honra de moderar um debate com mulheres na liderança militar e civil, e me lembro, em um determinado momento, encantada por tantas mulheres incríveis contando suas histórias e desafios, de ficar simplesmente admirando-as, pensando se teria sido eu que as tivesse ouvido falar ou as conhecido quando mais nova. Apesar de ser muito feliz e realizada onde estou hoje, não pude deixar de pensar que a falta de representatividade restringiu meu "leque" de pensar em possibilidades para meu futuro. Espero que iniciativas como este livro mostrem exatamente os mais diversos espaços que temos ocupado e continuaremos ocupando. Tudo o que construí foi resultado de muita dedicação, foco e paixão pelo que eu faço. Sigo firme com meu propósito e me mantenho firme em relação aos meus valores, sabendo que ainda há muito a ser feito. Me mantenho aberta ao mundo e curiosa, agora explorando-o junto à minha família aumentada e eu não poderia estar mais feliz, realizando o sonho de escrever um livro (quem sabe o primeiro passo para um somente meu?), inspirando futuras gerações e à espera do meu terceiro filho.

    O medo às vezes bate, principalmente devido ao que passei, mas ele não me paralisa. Sigo construindo a vida que desejei, sendo grata a tantas pessoas que passaram em meu caminho, pois tenho convicção de que os bons são maioria. Conheci mulheres maravilhosas que inspiram e erguem outras mulheres, conheci homens que me apoiaram e foram os grandes divisores de água em minha vida. Também vi pessoas moralmente questionáveis atingindo os mais altos níveis hierárquicos – não se demore nestes lugares. Não se cale ao ver uma injustiça, pois ao fazê-lo você escolhe um lado inevitavelmente. Informe-se, insira-se no tema, exponha-se às iniciativas de diversidade e inclusão, conheça histórias, saia de sua zona de conforto intencionalmente, pois sua percepção sobre o tema expandirá, evitando que você também haja de forma injusta. Nossa sociedade está mudando e estamos todos em processo de aprendizagem para sermos mais justos e igualitários. Ainda há um grande caminho a ser percorrido e a aviação segue valendo cada desafio. É importante entendermos que somos parte desta mudança, que nossas escolhas e atitudes falam mais do que nossas palavras. Torço e luto por um setor mais equalitário, justo e inovador. E que, da mesma forma que tenho cruzado com mulheres incríveis que me ergueram e inspiraram, espero fazer jus a estes legados e trazer cada vez mais mulheres para alcançarem voos mais altos. Vamos voar juntas!

A espera na calçada

Lilia Coura

Filha do Sr. Francisco e da Dona Lígia, tia do Pietro, executiva de finanças e apaixonada por aviação e por gente. Amo viajar, me reunir com amigos e planejar o próximo destino. Formada em Negócios e Finanças pela Universidade Bandeirante de São Paulo (Uniban), com MBA em Gestão de Negócios pela Fundação Dom Cabral (FDC), atuo há mais de 20 anos na aviação na área de finanças. Com *background* em várias áreas de finanças, como contas a pagar, a receber, crédito, cobrança, faturamento, auditorias, controles internos e meios de pagamento. Experiência em implementação de ERPs Oracle e SAP, participação em *due dilligence* para aquisições. Membro de Comitês de Transformação Digital e atualmente é gerente de Meios de Pagamento da Smiles Fidelidade, programa de fidelidade da Gol linhas Aéreas.

LINKEDIN

"Nunca se esqueça que você pode ser, ir, estar onde quiser, basta querer de todo o seu coração e agir em consonância com o seu propósito. Levante-se da calçada e voe..."
– Lilia Coura

Como tudo começou...

Nasci em São Caetano do Sul (SP), e tenho muito orgulho dessa cidade que me deu grandes oportunidades, além de infraestruturas básicas excelentes, como saneamento, mobilidade, saúde, a principal posso dizer que foi um ensino básico e médio de qualidade, pois, mesmo estudando em escolas públicas e municipais, a qualidade do ensino na época era equiparada ao de escolas particulares dado o tamanho investimento que se tinha nesse setor pelo município. Venho de uma família muito humilde, pai metalúrgico e mãe dona de casa, nada diferente para uma estrutura familiar da época.

Morávamos de aluguel em uma casa bem simples no fundo do quintal da minha madrinha, meu pai, semianalfabeto, se desdobrava em dois empregos para conseguir manter o mínimo necessário para sustentar a família e juntar algum recurso para tentar comprar a tão sonhada casa própria.

Minha mãe se dedicava ao lar e aos filhos, cuidava da nossa

educação, e nos ensinava a nos comportar nos lugares, respeitar o próximo, independentemente de quem quer que fosse, e nos ensinou um dos maiores valores: a fé em Deus.

Apesar de todas as dificuldades, eu e meu irmão tivemos uma infância muito feliz, aos domingos pela manhã meu pai sempre nos levava para brincar na Cidade das Crianças, que ficava próxima a nossa casa e tinha entrada gratuita. Lá brincávamos como se não houvesse amanhã e aproveitávamos a companhia do meu pai, que era tão rara, dado o tanto que ele trabalhava e que suas folgas eram apenas aos domingos.

O dia mais esperado do ano era quando ganhávamos os brinquedos, que vinham da empresa em que meu pai trabalhava, e as roupas, que minha mãe comprava no Brás, com o 13º salário. Só nessa ocasião tínhamos brinquedos e roupas novas.

Próxima a completar meus cinco anos de idade, meus pais finalmente juntaram recursos para comprar a tão sonhada casa própria, mudamos de uma casa pequena para uma casa de quatro cômodos com uma edícula no fundo, era uma casa grande que tinha uma área toda de vidro, um quintal amplo com um pequeno jardim e para completar era em frente de um clube, de que ficamos sócios e que com muita dificuldade meu pai conseguia manter o pagamento das mensalidades para que eu e meu irmão pudéssemos ter o mínimo de lazer, já que não tínhamos condições de *viajar*.

A partir desse momento tudo era um sonho, mal sabíamos o pesadelo que estava por vir, porque essa casa ficava em um bairro próximo a um rio e com o passar do tempo, e acredito eu com o aumento de consumo e poluição, quando chovia esse rio começou a transbordar e causar pequenas enchentes, que não chegavam a entrar em nossa casa, porque era possível conter com comportas. Porém, aos poucos esses volumes de água iam aumentando, minha família mantinha a esperança de que isso estava prestes a acabar, mas, para nosso desespero, em um aterrorizante mês de março, as chuvas não paravam e os níveis das enchentes eram cada vez maiores, até que um dia chegaram ao ponto de encher até o telhado de nossa casa e tivemos de ser resgatados de bote pelos bombeiros.

Nosso chão desabou, eu era pequena, tinha entre cinco, seis anos talvez, e me lembro dos meus pais desesperados por perderem tudo que construíram com tanto esforço e sacrifícios.

Fomos acolhidos na casa de parentes, recebemos várias doações até que meus pais conseguiram alugar novamente uma casa, era um recomeço... **Esperando na calçada...**

Essa nova casa alugada não era tão bonita quanto a que perdemos, mas era independente e espaçosa, aos poucos as coisas foram se ajeitando, meu pai sempre muito trabalhador e provedor e minha mãe totalmente dedicada à casa, marido e filhos.

Fizemos novos amigos na vizinhança, era uma rua tranquila e bem familiar, além disso, era bem próxima da casa dos meus familiares por parte de pai, primas, primos, tios e é aí que a minha **conexão com viagens começa**.

Nessa época estava quase com oito anos de idade. Até para contextualizar melhor, meu pai era o irmão caçula de 12 filhos e os meus primos tinham em média 20 anos de diferença, já eram adultos e começavam a ser bem-sucedidos, e um deles tinha uma kombi e foi ele que nos levou pela primeira vez à praia. Era um dia de domingo, saímos cedinho de casa, ele e a família dele, minhas tias e eu, meu irmão e minha mãe. Que lugar lindo, foi paixão à primeira vista (até hoje amo praia) e assim vez ou outra íamos passar o dia na praia. Nesse período umas das minhas primas comprou uma casa na praia e isso naquela época era só para pessoas ricas, essa prima sempre levava as sobrinhas dela que tinham a mesma idade que a minha para a casa de praia, mas nunca me convidava, até que um dia em uma festa de aniversário da família ela me disse "amanhã eu vou para a praia e vou pedir para sua mãe para levar você", eu estava em êxtase, não podia acreditar que a minha vez tinha chegado. Ela falou com a minha mãe e assim ficou combinado, no outro dia eu acordei, se é que eu tinha conseguido dormir, tamanha a minha ansiedade para realizar essa *viagem,* me arrumei, fiz a minha mala e fiquei esperando, ela tinha dito que passaria por volta das 9 horas, já passavam das 10 e nada dela chegar. Eu não me segurava de tamanha ansiedade, sentei na calçada de casa e fiquei esperando, minha mãe sempre por ali na garagem, volta e meia vinha e me dizia "para de ser boba, entra para dentro de casa ela não vai vir".

Mas eu não queria acreditar naquilo, afinal, ela tinha me convidado e tinha prometido que me levaria. As horas passaram e finalmente no final do dia me rendi ao que minha mãe passou o dia me dizendo. Não sei descrever o que estava sentindo por dentro, era uma mistura de decepção, tristeza e raiva. Chorei à noite na minha cama, senti uma rejeição, que para uma criança na minha idade não era fácil de superar.

Continuei morando na mesma casa, fiz grandes amizades que tenho até hoje, minhas amigas de infância tinham uma vida financeira muito confortável, com casa na praia, sítio, o pai de uma grande amiga tinha uma lancha com quartos, cozinha e estrutura para viajar em alto-mar, fiz muitas viagens com essas amigas e eu comtemplava esses momentos com toda minha alma, era como recuperar o meu valor, era como encontrar aquela menininha interior de SETE anos e dizer para ela "você não ficou na calçada, você importa".

O tempo foi passando, e guardei esse dia em uma caixinha que eu nem me lembrava mais, até surgir a oportunidade de contar a minha história.

Embarque autorizado!!

Comecei a trabalhar muito cedo, aos 13 anos trabalhava meio período na empresa do meu primo atendendo telefone e anotando os recados e no outro período ia para a escola, depois comecei a cursar ensino médio profissionalizante e entrei no programa de estágio de um banco. Quando acabou o estágio, trabalhei em uma construtora de secretária e por fim meu penúltimo emprego antes de entrar na aviação foi no faturamento de uma empresa que comercializava peças para trator.

Estava de férias do meu emprego e ao mesmo tempo mandando currículos, pois eu trabalhava muito longe de casa, saía às 4h45 para chegar às 8h00 no trabalho e a volta não era diferente, cerca de 3 horas no transporte coletivo. Nessa época já tinha o segundo grau completo e trabalhava como assistente financeira nessa empresa que comercializava peças para tratores e devido a essa distância não me sobrava tempo para cursar a faculdade e, sem trabalho, seria impossível estudar.

Ainda durante as férias recebi uma ligação para fazer uma entrevista para uma empresa aérea que estava iniciando a sua operação, fui fazer a entrevista era final de janeiro 2001, no dia seguinte recebi a ligação dizendo que tinha sido aprovada mas, que a única vaga que tinha disponível no momento era de telefonista lembro-me da recrutadora me dizendo estamos começando agora e outras oportunidades irão surgir se você não aceitar vou ficar com seu curriculum aqui e te chamo novamente, fiquei muda uns segundos processando toda a informação e pedi para ela se poderia pensar e retornar no dia seguinte e ela aceitou.

Foi aí que começou o meu dilema, já estava na carreira de finanças área que sempre desejei trabalhar (era até um viés inconsciente quando criança eu amava matemática e dizia que queria ser caixa de supermercado só para fazer conta e lidar com dinheiro), mas essa vaga me pagaria o mesmo salário, ficava a 15 minutos da minha casa, eu trabalharia 6 horas por dia, me sobraria tempo para iniciar a faculdade e ainda por cima poderia *viajar de avião,* o que era praticamente impossível para minha realidade na época. Avaliei tudo isso e pensei que às vezes precisamos dar um passo para trás para dar dois para frente, pensei "ela disse que outras oportunidades surgiriam, o resto dependeria só de mim, para conseguir mudar de área e voltar para finanças; liguei no dia seguinte e aceitei a proposta.

Minha história na aviação começa em 01/02/2001, como telefonista na GOL Linhas Aéreas, desde o primeiro dia foi uma loucura pois, a empresa nasceu com DNA de inovação e substituiu a passagem que era impressa por um código localizador que era o suficiente para os clientes apresentarem no check-in e embarcar mas, como era tudo muito novo os clientes que compravam as passagens ligavam na Sede da empresa insistindo para receber as suas passagens impressas e eram centenas e centenas de ligações diariamente que me ensinaram muito além de atendimento ao cliente, hoje olhando para trás acredito que foi a melhor cadeira que eu poderia ingressar pois, além de me dar habilidades de atendimento aos clientes me deu o conhecimento de toda a operação da Cia porque eu precisava conhecer como funcionava cada área para transferir a ligação corretamente e também me proporcionou o melhor network pois, eu falava desde estagiários, assistentes, supervisores até os cargos mais altos como gerentes e diretores. Fiz o melhor trabalho que podia, estava sempre aprendendo coisas novas sobre o equipamento que utilizávamos, mesmo como telefonista ministrei treinamento para toda a empresa de como utilizar o equipamento e estava sempre colaborando na medida que as necessidades surgiam.

Seis meses se passaram e tive a minha primeira promoção, fui trabalhar como assistente da secretária da presidência esse não era meu destino final, sempre mantive o foco no meu objetivo que era voltar para a área de finanças e vi nessa oportunidade mais um degrau para alcançar o meu objetivo, esse período foi uma vitrine o que antes era somente uma voz para algumas pessoas agora tinha um rosto.

Eu sempre estava atenta as vagas que eram publicadas no RH, até que surgiu uma vaga para o faturamento de cargas, me candidatei e assim reiniciei a minha jornada na área de finanças.

Não foram tempos fáceis, mas sempre trabalhei com muita disciplina, resiliência, transparência e persistência. Tinha uma inquietação nata e sempre dava um jeito de estar envolvida em um projeto novo, nunca me limitei a sentar e fazer a minha rotina, eu sempre a executava com a maior excelência possível para me sobrar tempo e se não sobrava eu investia o meu tempo para conseguir contribuir em outras frentes, mesmo as pessoas tentando me desestimular dizendo "para de fazer além, você não ganha para isso". Certa vez, vi uma apresentação em que o palestrante dizia: "Você já viu jogador de segunda divisão fazer gol contra porque ele ganha pouco? Não, ele vai fazer o máximo de gols que ele puder porque em algum momento alguém vai ver e vai levá-lo para a primeira divisão", e digo que esse já era o meu mantra mesmo antes de conhecê-lo.

Participei de grandes projetos, como a implantação de 2 ERPs, aquisição da Varig e Webjet e liderei algumas áreas do financeiro. Atualmente estou como gerente de Meios de Pagamento da Smiles, programa de fidelidade do Grupo GOL.

Na aviação o céu é o limite e os dias são na velocidade do Boeing, 850km por hora. Esteja sempre disposto a aprender, desaprender e reaprender. Ajuste o manche quantas vezes forem necessárias e siga até cumprir a sua rota.

São 23 anos de uma jornada de muito trabalho, muitas viagens, muita paixão, entrega, dedicação e comprometimento.

A minha paixão e elo com a aviação veio de uma passagem da minha vida não muito feliz, mas que me levou a alçar voos e viajar a lugares que eu jamais sonharia e por isso sou muito grata por ter estado naquela calçada.

Tenho muita gratidão e orgulho da minha jornada, sobretudo por tê-la conduzido sendo fiel aos meus valores e princípios.

Não me fiz sozinha...

Ao longo da minha carreira, tive pessoas com quem aprendi e em quem me inspirei. Aos meus pares e gestores quero dizer que aprendi muito com todos e espero também ter contribuído de alguma forma com vocês. Mas não posso deixar de agradecer à pessoa que foi a virada de chave na minha carreira, e que considero minha mentora até hoje, Tatiane Mendonça, que pegou na minha mão e disse "Aonde você quer chegar? Vamos juntas, eu estou com você". Ela chegou, me empoderou e se tornou o modelo de liderança que procuro exercer.

Aos meus liderados, tenham certeza que sem vocês eu não teria chegado aonde cheguei, sou muito grata por todos que passaram no meu caminho, que pude ensinar e também aprender com vocês.

Aos meus pais, pelos ensinamentos e amor. Ao amor da minha vida, meu sobrinho Pietro, que me faz buscar todos os dias a minha melhor versão para que eu possa ser exemplo e inspiração para ele.

Meu conselho para você...

Faça algo que ame, acredite, busque conhecimento, aprenda com as pessoas que o inspiram e seja curioso. Resista e não desista, até que você consiga colher os resultados que deseja, veja a dificuldade como uma oportunidade. Nada cai do céu, trabalhe duro e seja consistente. A vida é uma grande adaptação, precisamos de muita resiliência e engajamento para alcançar nossos objetivos e, por último, não dê ouvidos a quem não acredita em você, os julgamentos existem e normalmente eles dizem mais sobre quem está julgando do que sobre você.

Povoada, assim eu sou!

Lisie Adriana

Formações, competências e habilidades: Magistério (ex-professora de Educação Infantil), técnica em Turismo e guia; bacharel em Psicologia; pós-graduação em Gestão de Negócios (em andamento); auditora; curso de Andragogia (Formação para Adultos); instrutora de temas corporativos; palestrante (pautas comportamentais); engajamento com equidade racial; Planejamento de Comunicação Corporativa; experiências em atendimento a clientes. Criadora de conteúdos comportamentais corporativos. Protagonista no podcast do IPRC – Instituto de Pesquisa Comportamental sobre Canal de Denúncias nas Organizações. Mediadora no podcast de uma companhia aérea sobre Assédio Moral, Assédio Sexual, Importunação Sexual e Fraudes no ambiente corporativo.

INSTAGRAM

Povoada, assim eu sou!

Nascida em Rio Claro, interior de São Paulo, filha da Vera Lucia, professora hoje aposentada, e Euripes dos Santos, advogado. Neta da Conceição e João, também de Dulce e Aristides. Irmã do Clauber e da Livia. Cunhada da Elaine e tia da Hellen. Afilhada da Ruth. Filha de coração de Maria Célia, professora aposentada que iniciou meu letramento racial no auge da minha juventude. Sou sobrinha de tias e tios maravilhosos. Brinquei descalça, na rua, com primas, primos e amigas que contribuíram de forma aconchegante com minha memória afetiva.

Um dia já adulta falei com Oxalá que, se fosse de sua vontade gostaria de experimentar o amor da maternidade, então sou mãe do Bernardo, um presente em minha vida. Para que eu possa trabalhar segura, conto com mulheres inspiradoras. Uma delas se chama Elza, a principal cuidadora do Bernardo. Uma mulher negra, mãe de santo, que para além de representar ancestralidade representa futuro.

Tendo avó candomblecista, cresci correndo no terreiro e indo à missa no domingo com pais católicos. Minha infância, juventude e vida adulta é cercada de mulheres potentes. Mulheres que me ensinam o amor me amando, e acima de tudo, mulheres que me aceitam exatamente como eu sou, fortalecendo nossa corrente pela generosidade, força e união.

> *"...já chorei mares e rios, mas não afogo não. Sempre dou o meu jeitinho, é duro mais é com carinho, porque Deus me fez assim, dona de mim." – Trecho de Dona de mim – Iza*

Sempre me senti dona de mim, e sei que esse sentimento se deve às grandes mulheres que lutaram demais pelos direitos que temos hoje, apesar de ainda não serem suficientes. No meu caso, venho de mulheres que lutaram pela própria liberdade.

Sempre fui de sonhar, acordada ou dormindo. Sonho que estou vivendo meus sonhos, e foi assim que atraí a aviação para minha vida. Olhei um avião no céu e falei para minha mãe: *"vou trabalhar nessa empresa"*. E assim aconteceu.

Minha trajetória na aviação

Comecei a trabalhar na aviação atendendo clientes no aeroporto em 2005, o chamado *check in*. No aeroporto adquiri experiências embarcando e desembarcando clientes, na loja, vendendo e remarcando passagens. Me lembro até hoje a primeira vez que entrei em um avião vazio. Fiquei no corredor olhando as poltronas e pensando *"como esse veículo é lindo e mágico"*. Pensei também: *"todos que desejam deveriam ter condições de voar de avião, e todos deveriam conhecer esse universo tão de perto quanto eu"*.

Adorava aprender processos e procedimentos e acabei me tornando instrutora, sendo posteriormente convidada para trabalhar na Diretoria de Compliance com investigações de fraudes pelo meu conhecimento operacional. Atualmente atuo como gerente em um canal de denúncias.

Cenário imprevisível

Trabalhar na aviação é literalmente lidar com o imprevisível. Dependemos do tempo, que ao mudar altera completamente o que chamamos de malha aérea. Dependemos de milhares de processos e procedimentos que precisam funcionar de forma orquestrada para garantirmos a segurança de todos os passageiros, enfim, uma complexidade que como clientes normalmente não conseguimos imaginar.

Me recordo a primeira vez que ouvi o termo *"o aeroporto fechou"*. Para a grande maioria das pessoas que ali estavam era normal, mas eu não tinha a menor ideia de que aquilo significava que as aeronaves não estavam pousando nem decolando. De repente, tudo que parecia tranquilo se transformava em diversas acomodações de clientes em novos voos, bagagens sendo descarregadas de um avião para outro, hotéis lotados, restaurantes lotados, tripulações que precisavam ser remanejadas para não regulamentar, enfim, mudança 360º de vários clientes, pois cada avião tinha quase 180 pessoas. Porém, apesar de tantas complexidades e de não ter experiência em aviação, se tem uma coisa que cresci fazendo foi lidar com o imprevisível, então estava apenas em um cenário diferente.

A aviação no administrativo

Trabalhar no administrativo na aviação também envolve complexidade, afinal é a administração de todo esse universo operacional. É fascinante, mas historicamente, por mais que a mulher estivesse presente na aviação na parte administrativa, ainda praticamente não incluía mulheres negras nem mesmo nesse contexto devido ao reflexo social.

Refletir sobre essa realidade é importante para entendermos que, se a aviação até menos de 30 anos atrás no Brasil era acessível apenas a um grupo social para viajar, muitas mulheres não negras já tinham o acesso pelo menos ao segmento, o que poderia gerar maiores possibilidades de serem inseridas nessas profissões, afinal, como desejar ou ser indicada ao que não temos acesso ou conhecimento?

No que acredito

"Até que enfim parou de chover. As nuvens deslizam-se para o poente. Apenas o frio nos fustiga. E várias pessoas da favela não têm agasalhos. Quando uns têm sapatos, não têm paletol. E eu fico condoída vendo as crianças pisar na lama" – "Quarto de Despejo. Diário de uma favelada", Carolina Maria de Jesus.

Esse recorte do livro *"Quarto de despejo"* remete a diversas reflexões, e uma delas é sobre o quanto considerar os diferentes territórios que temos em nossa sociedade é fundamental para dialogar sobre qualquer tema, pois um livro pode (e chega) em diferentes mentes e realidades, e a elaboração do que estamos escrevendo será de acordo com essas diferentes experiências.

Ressalto aqui que hoje dentro dos aviões temos essa grande diversidade também.

Ainda sobre a escritora, ao mesmo tempo que Carolina Maria de Jesus desejou um espaço aparentemente inatingível visando melhores condições de sobrevivência, ao conseguir *furar o bloqueio* e se colocar nesse espaço, se viu diante de novas lutas envolvendo sua negritude, origem e comportamentos, que transcendiam seu gênero, contadas no livro "Casa de Alvenaria", também da mesma autora.

Para pensar sobre mulheres negras na Aviação, é mandatório considerar o que nos impacta além do que impacta mulheres não negras. Posto isso, estou muito feliz em participar como coautora pontuando essas diferentes realidades. Isso é inspirador.

Nas minhas reflexões diárias sobre a *solidão da mulher negra*, penso também na grande demora da nossa sociedade em fazer o que é certo, e me pergunto até quando nossas conquistas virão de forma consistente das nossas próprias batalhas e não de quem tem o poder do privilégio para transformar de forma mais rápida. Quando cada ser humano começará a fazer a sua parte na mudança que se faz necessária no mundo?

Lisie Adriana

E já que estamos em indagações, aproveito inclusive neste momento para lhe fazer algumas perguntas: "Você reconhece o seu gênero na aviação? Reconhece sua etnia? E se tem o sonho de trabalhar nesse segmento, tem receio de mesmo com todas as competências necessárias não ser convidada para participar de processos seletivos, ou, caso seja convidada, ser reprovada ou nem mesmo contatada novamente por ser negra?"

E caso consiga, assim como Carolina Maria de Jesus, *furar o bloqueio*, tem receio de vivenciar o cenário da "Casa de Alvenaria"?

No livro *"Quem tem medo do Feminismo Negro?"*, Djamila Ribeiro brilhantemente destaca a importância do olhar para o combate às violências contra a mulher de forma plural, considerando as especificidades. Costumo dizer que somos, enquanto sociedade, pessoas boas que fazem coisas ruins, ou dentro desse contexto, pessoas boas deixando de fazer coisas boas, o que também não deixa de ser ruim. Gerar oportunidades para uma aviação mais democratizada envolvendo a inclusão de mulheres negras é, além de fazer o que é certo, praticar inteligência e justiça.

A ausência de mulheres negras na aviação (e não estou desconsiderando nossa presença, mas considerando a nossa pequena parcela) gera para a sociedade, para além de uma constatação do Racismo Estrutural, uma grande perda econômica e cultural, tendo como consequência cada vez mais riscos.

Se comprovadamente estamos presentes dentro dos aviões como clientes, com certeza queremos nos reconhecer no segmento. Queremos pessoas e produtos que se conectem conosco. E quem entende de nós? Nós mesmas. E vale ressaltar que quando menciono a pluralidade é literalmente nesse conceito, pois uma de nós não representa a grande diversidade que somos, assim como ocorre com mulheres não negras. Não é o pensamento de uma que irá refletir o pensamento de todas, como se fosse *"a ideia feminina"* ou a *"ideia da mulher negra"*.

E por falar em ideia, já parou para pensar na grande revolução que a sociedade brasileira conquistou desde que a aviação começou a ser mais popularizada no quesito viajar? Aviões precisam de passageiros e quanto mais, melhor.

Além do crescimento econômico, da visibilidade positiva que o país passou a ter perante o mundo, novas oportunidades de negócios, maior malha aérea, possibilitando locomoção para diversas localidades de forma mais rápida e segura (para além da experiência de voar para quem gosta), temos pessoas diversas se movimentando. Esse movimento gera maiores possibilidades de inovações e transversalidades.

Além dos aviões

Importante pensar que, quando falamos da aviação, nossas mentes costumam replicar o condicionamento de imaginários envolvendo pilotos, copilotos e comissárias. Essas profissões são com certeza muito lindas e importantes, porém, existem muitas outras que colocam uma aeronave para voar e que são tão lindas e importantes quanto.

Ao longo de minha carreira dentro da aviação (que inclusive não está relacionada diretamente aos aviões), conheci mulheres negras incríveis que atuam de forma muito competente e que me motivam cada vez mais a conhecer e valorizar tudo que envolve esse universo.

Por favor, leitora e leitor, imagine um grande avião. Agora imagine alguém fazendo a manutenção dele. Pois bem, lhe apresento uma grande técnica de manutenção de Aviões 737 700 chamada Luciana. Uma profissional incrível que descobriu a profissão *"sem querer"* passando em frente de um centro de manutenções de aviões e pensando: *"Quero trabalhar aí dentro"*.

Agora, imagine que todo avião tem uma documentação para ser preparada. Documentação essa que precisa ser minuciosa e tecnicamente estruturada para que todas as informações estejam compiladas de forma segura para ser endereçada ao comandante do voo. Quem prepara essa documentação são profissionais chamados de DOV, e temos mulheres brilhantes nessa atuação.

Fiz questão de mencionar essas profissionais pois, conforme mencionei anteriormente, a ausência de diversidade (inclusão de mulheres negras e não negras) na aviação gerou como consequência um grande atraso nas oportunidades que temos em inovações dentro dessas atuações, e tenho certeza que essa inclusão traz benefícios para o segmento e a sociedade.

Além disso, importante pensarmos na aviação como uma possibilidade de atuação em áreas como recursos humanos, *compliance*, marketing, entre outras, pois essas também possibilitam mudanças estruturais no combate ao machismo, sexismo, racismo e demais violências contra mulheres negras e não negras.

Transformação

Estamos transformando? Sim, pois estamos literalmente lutando por nossos espaços, mas o meu convite é para que cada ser humano pense sobre o que consegue fazer para assumir o seu papel dentro dessa construção. Não se trata do *"problema das mulheres"* ou *"do problema das mulheres negras"*. Trata-se de todos nós, afinal, novamente referenciando Djamila Ribeiro, *"não podemos lutar contra a opressão de um grupo oprimindo outro grupo"*.

Aviação é presente e futuro. Salvo pessoas que sentem medo de voar, é um transporte que será cada vez mais utilizado para locomoção de pessoas e cargas, e transformar esse segmento em algo mais popular e natural também para se trabalhar é o caminho para garantia de sucesso econômico e social.

Os ambientes estão prontos? Penso que não. As pessoas estão prontas? Também não. Mas como podemos preparar pessoas e ambientes? Incluindo a diversidade. E, quando menciono incluir, é de fato considerar tudo que podemos criar a partir do reconhecimento de diferentes saberes. Penso que quando Sueli Carneiro coloca o epistemicídio como crueldade, essa reflexão se faz necessária também para a aviação, afinal, temos saberes negados em nossa sociedade que precisam ser, para além de acolhidos, aceitos. Essa reflexão ajuda inclusive a ressignificar pensamentos de inferioridade endereçados a grupos de pessoas que de inferiores não têm nada, apenas a condição econômica reflexo da desigualdade.

Óbvio que considero também de onde parte a cultura que se estabeleceu o segmento da aviação, mas o que nos foi negado é a possibilidade de fusionar essa cultura com o Brasil na sua essência. Se pararmos para pensar, a ausência dessa conexão atingiu muito mais as mulheres negras, mas, novamente citando Sueli Carneiro, *"se fomos capazes de criar essa desigualdade enquanto sociedade, somos capazes também de corrigir"*.

A presença de mulheres na aviação não pode em minha opinião representar medo, *"mimimi"*, pressão, nada disso. Quem está precisa nos reconhecer como parceiras. O debate sobre gerações, orientações sexuais, gêneros, raças não pode estar acima da Constituição Federal, que garante direitos e deveres. Para além do que cada um de nós acha, existem determinações legais que impõem regras sociais que garantam a boa convivência coletiva. Essas convivências precisam estar acima de partidos políticos, interesses pessoais e corporativismos.

Conheço milhares (aliás a maioria) de excelentes profissionais na aviação do gênero masculino, que acima de tudo são também excelentes pessoas. Aprendo demais com eles, e o que me motiva é a consciência de que, se chegaram antes (e não foi porque não queríamos chegar), possuem maior experiência, logo, compartilhando tudo isso conosco seremos com certeza uma grande equipe.

"Como mulher negra, não quero ser mais objeto de estudo e sim sujeito da pesquisa." – Djmila Ribeiro.

Do sonho à realidade

Marcela Anicézio

Mato-grossense, natural de Alto Araguaia, apaixonada por aviação desde criança. Encontrou na profissão a realização profissional e pessoal. Engenheira aeronáutica e mestra pela Escola de Engenharia de São Carlos, Universidade de São Paulo. Trabalhou em grandes empresas do setor aeronáutico, como Embraer e Airbus. Durante um período atuou como professora universitária e coordenadora de cursos de graduação. Possui sólida experiência na área de certificação aeronáutica e aeronavegabilidade. Atualmente está trabalhando no Canadá, atendendo a grandes empresas no ramo aeronáutico.

LINKEDIN

Origens

Filha de Marta Melo e Marcos Anicézio, irmã de Gustavo Melo e Rafael Anicézio, nasci e cresci em uma cidade do interior de Mato Grosso, Alto Araguaia (dê um Google depois!). Como você já deve imaginar, cidade pequena, relativamente pacata, na qual todos se conhecem.

Recordo-me muito pequena, quando meu pai nos levava para vermos algumas aeronaves. Possuo uma foto clássica em cima de uma das asas de um Bonanza. Minha cidade sempre teve uma cultura aeronáutica muito forte, conhecíamos muitos pilotos e entusiastas da aviação por influência do meu padrinho. Eu respirava o mundo da aviação da forma mais genuína, ouvia as histórias que os pilotos mais experientes contavam e ficava maravilhada com cada avião que pousava na pista.

Princípios e Sinais

Estudei sempre em colégio público. Meu ensino fundamental foi feito na Escola Maria Auxiliadora, a dois quarteirões de casa. Era uma escola religiosa de irmãs católicas. Eu adorava participar das atividades escolares, como o coral, grupos de teatro e de informática e também participava da organização de datas comemorativas e festividades. Amava quando tinha aula de educação física, jogava (ou tentava jogar) vôlei e futebol. Nunca fui boa em esportes, mas sempre tentava <u>dar o melhor que eu podia</u> dar naquele momento. Durante esta fase, aprendi muito sobre <u>valores</u>, <u>ética</u> e <u>moral</u>.

O ensino médio foi realizado no Colégio Alfredo Nasser, em Santa Rita do Araguaia, em Goiás (cidade vizinha a Alto Araguaia). Ainda era a aluna aplicada, que participava da comunidade escolar e que adorava sonhar. E como eu sonhava! Lembro-me de uma vez que, durante a aula de Inglês, recebemos a visita de dois intercambistas na sala de aula. Todos os alunos ficaram superfelizes em poder praticar o inglês com um estrangeiro e eu ficava sonhando com o dia em que eu iria fazer uma viagem internacional. Afinal, sonhar é o primeiro passo, não é?

A pessoa responsável por me ensinar a sonhar foi minha mãe. Em casa, ela sempre nos dizia uma frase que era mais ou menos assim:

> *"Você deve sempre pensar alto para ter o mediano; porque, se você pensar médio, vai ter o baixo; e se pensar baixo, não vai ter nada."*

Essa frase para mim sempre se resumiu em <u>sonhar alto e fazer acontecer</u>!

Inspiração

Minha mãe é minha maior inspiração. A Dona Martinha, como eu a chamava carinhosamente, sempre foi uma mulher forte, que sofreu na vida, mas que amava viver de forma apaixonante e com sorriso no rosto. Sim, foi dela que eu herdei este sorriso. Ela era um pouco linha dura, tinha que fazer do jeito dela, porque ela sabia o que era melhor para os filhos. E, de fato, ela acertou em cheio!

A Dona Martinha trabalhava no Fórum Municipal e era formada em Pedagogia. Devido ao seu trabalho, ela decidiu <u>investir</u>

em conhecimento e realizou o curso de Direito em uma cidade vizinha, Jataí, em Goiás (a 195 km de Alto Araguaia, aproximadamente 2,5 horas de carro). Ela viajou de ônibus quase 400 km para estudar, todos os dias, durante cinco anos.

Quando eu estou desanimada ou cansada, eu me lembro dessa fase da vida dela e me pergunto: se ela conseguiu estudar, sendo casada e com três filhos para cuidar, viajando 400 km por dia durante cinco anos, o que eu não sou capaz de fazer?! Essa também deveria ser a sua pergunta em momentos em que você não se sente capaz: se ela conseguiu, por que você não consegue?

Em 2015, minha mãe nos deu mais uma prova de perseverança. Diagnosticada com glioblastoma multiforme 4, um câncer na cabeça muito agressivo, ela passou por duas cirurgias e fez o tratamento quimioterápico e radioterápico contra a doença. Na ocasião em que o médico contou a ela sobre a doença, ela falou para ele:

> "Doutor, eu não sou mulher de deixar as coisas no meio do caminho. Isso (câncer) não me pertence! Então, se tem que fazer outra cirurgia, vamos fazer. E depois, vamos tratar."

Infelizmente, esse tipo de câncer não tinha cura na época e ela veio a falecer. Durante todo o tratamento, ela nunca deixou de sorrir, de ter pensamentos positivos e de se cuidar. Nunca vou me esquecer do quão forte e perseverante ela foi.

Sou grata a Deus por ter me dado a oportunidade de ter passado esses seis meses dedicados totalmente a ela. Foi nesse período que eu aprendi o quão frágil nós somos perante todas as enfermidades que podem atingir o ser humano. E sem o apoio da família e amigos não somos nada.

Apoio da família e escolha da profissão

Quando eu tive que escolher uma profissão, muitos me aconselharam a fazer o curso de Direito, pois eu era comunicativa e poderia exercer muito bem a profissão de juíza. Porém, eu fui me <u>informar</u> sobre todos os cursos que existiam e sobre todas as universidades do Brasil. Durante a pesquisa, descobri que as pessoas que tinham mais facilidade com exatas cursavam Engenharia. Então eu percebi que essa seria uma boa escolha, pois eu tinha muita facilidade com Matemática e Física. Quando descobri que existia o curso de Engenharia Aeronáutica, não tive dúvidas de que era a profissão que queria seguir.

Apesar de muitas pessoas no começo terem me dito que era profissão de homem, isso nunca me influenciou. Minha mãe sempre me ensinou que <u>ser mulher não era um fator limitador</u>, pelo contrário, que muitas mulheres eram melhores que muitos homens, e que nós, mulheres, tínhamos a vantagem de saber fazer várias coisas ao mesmo tempo, de sermos multifuncionais. Então eu escolhi o curso que realmente queria realizar, Engenharia Aeronáutica.

Lembro-me de um dia em que estávamos na casa de uma tia-avó para um aniversário. Uma prima da minha mãe veio até mim, me cumprimentou e me perguntou se eu já tinha escolhido o curso que eu queria fazer. Eu falei para ela que era Engenharia Aeronáutica. Então ela me perguntou em qual faculdade tinha esse curso e eu respondi que em duas apenas, na USP e no ITA. Na mesma hora, ela me disse: "Minha filha, desiste, você não vai conseguir. Essas são as duas melhores universidades do país e você estudou em escola pública. Seja mais realista com você mesma". Desta conversa, eu só filtrei a parte do "você não vai conseguir", pois desse momento em diante eu já não estava mais processando nenhuma informação. Eu fiquei tão chateada na época, que <u>internalizei a minha revolta e a transformei em ação</u>. Naquele momento, mais do que nunca, eu queria passar no vestibular e mostrar que eu era capaz sim! Essa foi a forma que eu encontrei de lidar com uma opinião alheia distinta da minha.

Muitas pessoas duvidarão do seu processo e da sua vitória, independentemente do que seja. Acredite em você mesmo e trace uma estratégia para alcançar seu objetivo.

Estratégia

E foi sonhando alto que escolhi o curso de Engenharia Aeronáutica para prestar vestibular. Como já esperado, eu não consegui passar de primeira nas provas.

Então minha mãe me enviou para a capital do nosso estado, Cuiabá, para fazer cursinho preparatório. Durante os dois anos de cursinho, aprendi o valor da <u>persistência</u>. No final do primeiro ano, fiz novamente as provas e não passei. Porém, desta vez, minha nota era suficiente para passar em qualquer curso da USP, menos para Engenharia Aeronáutica e Medicina. Lembro-me que naquela época minha mãe veio me perguntar se não era a hora de eu mudar de curso. Coitada, ela estava sendo influenciada por outras pessoas que também não acreditavam na minha capacidade. Eu mostrei à Dona Martinha o meu avanço e disse que tentaria mais um ano de curso preparatório, pois eu estava melhor do que antes. Afinal, <u>a melhoria é um processo demorado</u> e, às vezes, doloroso. Mas que eu estava pronta para mais um ano de abdicações para conseguir fazer o curso dos meus sonhos. E, desta vez, eu também tentaria outros vestibulares, por exemplo, Engenharia Mecânica, como segunda opção. Na minha mente, eu sabia exatamente aonde eu queria chegar e sabia que poderia haver outros caminhos que me levassem até lá, mas que o resultado seria o mesmo.

Essa estratégia de ter vários planos é essencial para conseguir alcançar o objetivo final. Diante das dificuldades em conseguir fazer o curso de Engenharia Aeronáutica, eu me perguntei aonde eu queria chegar. Com o objetivo em mente, eu tracei vários caminhos que eu poderia percorrer para trabalhar na aviação, sendo Engenheira Aeronáutica ou Mecânica. O importante, no final, era trabalhar com aviões. Com essa estratégia em mãos (na verdade, na mente), eu convenci minha mãe de que, se ela investisse em meus estudos por mais um ano, eu conseguiria passar em algum vestibular de universidade pública. E foi assim, estudando de domingo a domingo, que eu consegui passar em Engenharia Aeronáutica na USP e Engenharia Mecânica em três das melhores universidades públicas do país.

Passar no vestibular foi uma das provas mais desafiadoras da minha vida, pois me exigiu disciplina nos estudos, perseverança nos meus sonhos e muito jogo de cintura para me esquivar de pessoas negativas. Ao mesmo tempo, foi uma das sensações mais prazerosas, pois foi a confirmação de que eu realmente era capaz de conseguir o que quisesse. Não há maior empoderamento do que conseguir o que se quer!

Ter em mente a estratégia bem definida e todos os caminhos bem claros podem guiar você de forma mais segura e ajudar a manter a calma em momentos críticos.

Trilha

Durante a faculdade, participei de grupos extracurriculares, estudei Inglês e Francês, fiz iniciação científica, me informei de todas as formas de fazer intercâmbio pela faculdade e sonhei muito com o dia em que iria ter a minha experiência internacional. Minha primeira viagem para o exterior foi para os EUA através de um programa *Work and Travel*. Morei durante três meses no interior de New Jersey. Depois de um ano, retornei aos EUA para fazer intercâmbio estudantil de três meses na *Virginia Tech*. Depois de seis meses, comecei meu estágio na Embraer, em Gavião Peixoto, São Paulo, e depois fiz mais um ano de estágio na Eurocopter (atual Airbus Helicopter) em Marseille, França.

A forma como consegui esse último estágio foi bem interessante. Era julho, período de férias da universidade, e me lembro do coordenador do curso comentar que naquele mês uma comitiva da Airbus estaria indo para São Carlos, interior de São Paulo, visitar o curso de Engenharia Aeronáutica. Então, eu decidi não ir de férias para Mato Grosso com o intuito de esperar por esse grupo, afinal, esta poderia ser a oportunidade de conseguir um contato para um possível estágio na Airbus. Lembro que <u>me preparei</u> muito para esse dia, para responder a todo e qualquer tipo de pergunta em Inglês e Francês. Nesta comitiva, conheci a vice-presidente de um dos programas de helicópteros da Eurocopter e ela foi muito simpática comigo. No final da visita, eu falei para ela que tinha vontade de fazer estágio na Eurocopter. Ela me passou seu cartão, me pediu para eu enviar o meu currículo e ela iria ver o que poderia fazer. Seis meses depois eu estava embarcando pela primeira vez para a Europa. Como se pode ver, <u>não foi sorte, foi empenho e ação em fazer acontecer</u>.

Quando retornei ao Brasil, fiz mestrado na USP e, logo que terminei, minha mãe foi diagnosticada com o câncer. Após seu falecimento, trabalhei como professora universitária e coordenadora de graduação. Voltei para o estado de São Paulo para atuar novamente na área da aeronáutica como engenheira de certificação e, logo depois, como chefe de aeronavegabilidade. Atualmente estou morando no Canadá trabalhando como especialista em certificação de aeronaves.

Se conselho fosse bom, não seria dado, seria vendido

Sonhos grandes, sonhos pequenos, sonhos! Não podemos medir o tamanho dos sonhos alheios, pois eles são únicos e pessoais. A realidade de cada pessoa é diferente das outras, afinal somos seres humanos diferentes e, certamente, com sonhos também distintos.

A cada realização de um sonho, eu tinha a convicção de que eu era capaz, como se fosse um meio de eu <u>me superar</u> como pessoa, de <u>me desafiar</u> e de dizer "Poxa, eu consegui!".

Para uma menina que veio do interior do país, vários sonhos são considerados como impossíveis por muitos. Para mim, vindo de onde eu vim, aprendendo com todos os sinais que a vida foi me proporcionando, conquistando todos os desafios impostos, traçando todas as estratégias, muitos desses sonhos impossíveis se tornaram palpáveis. Nada veio de graça; tudo veio com muito suor.

E se eu tivesse acreditado em todas as críticas que eu ouvi ao longo desses 37 anos, eu não estaria onde eu estou hoje. Eu não vou lhe dar um conselho, pois talvez você não dê valor o suficiente para colocar em prática. Porém, vou resumir os principais pontos que você pode levar em consideração para alcançar seus objetivos:

Traçar Estratégias

Com o objetivo bem definido, trace vários planos, A, B, C e D, para conseguir alcançar o resultado. Informe-se sobre todas as possibilidades possíveis para fazer o planejamento de forma efetiva. Faça o exercício de encontrar todas as situações adversas que possam atrapalhar seus planos e, logo em seguida, liste todas as ações necessárias para diminuir o impacto delas. Tenha em mente que algumas correções serão feitas ao longo do caminho, sem prejudicar o resultado esperado.

Pontos Fortes e Fracos

Você deve fazer uma autoanálise e descobrir quais são seus pontos fortes e fracos. Adapte suas estratégias para valorizar seus pontos fortes, com o intuito de minimizar a influência dos pontos fracos no resultado esperado. Lembre-se que todos nós somos bons em várias coisas!

Ação

Depois da preparação dos planos, é hora de agir. Sonhos sem ação continuarão sendo sonhos. Coloque os planos em ação e, caso necessário, faça as correções necessárias ao longo do caminho. Dê o seu melhor na execução de cada tarefa, pois isso trará paz de espírito no final do dia ao saber que o dever está sendo cumprido.

Pensamento Positivo

Pensar em coisas boas e levar a vida da melhor forma possível é essencial. O pensamento positivo reflete em você mesmo. Você pensa positivo porque acredita em si e nas estratégias traçadas. Acredite em todo seu potencial e vá em frente! Se conseguir sorrir, melhor ainda!

Sonhar Alto

Por último e o mais importante de tudo, o ditado da Dona Martinha:

> *"Você deve sempre pensar alto para ter o mediano; porque, se você pensar médio, vai ter o baixo; e, se pensar baixo, não vai ter nada".*

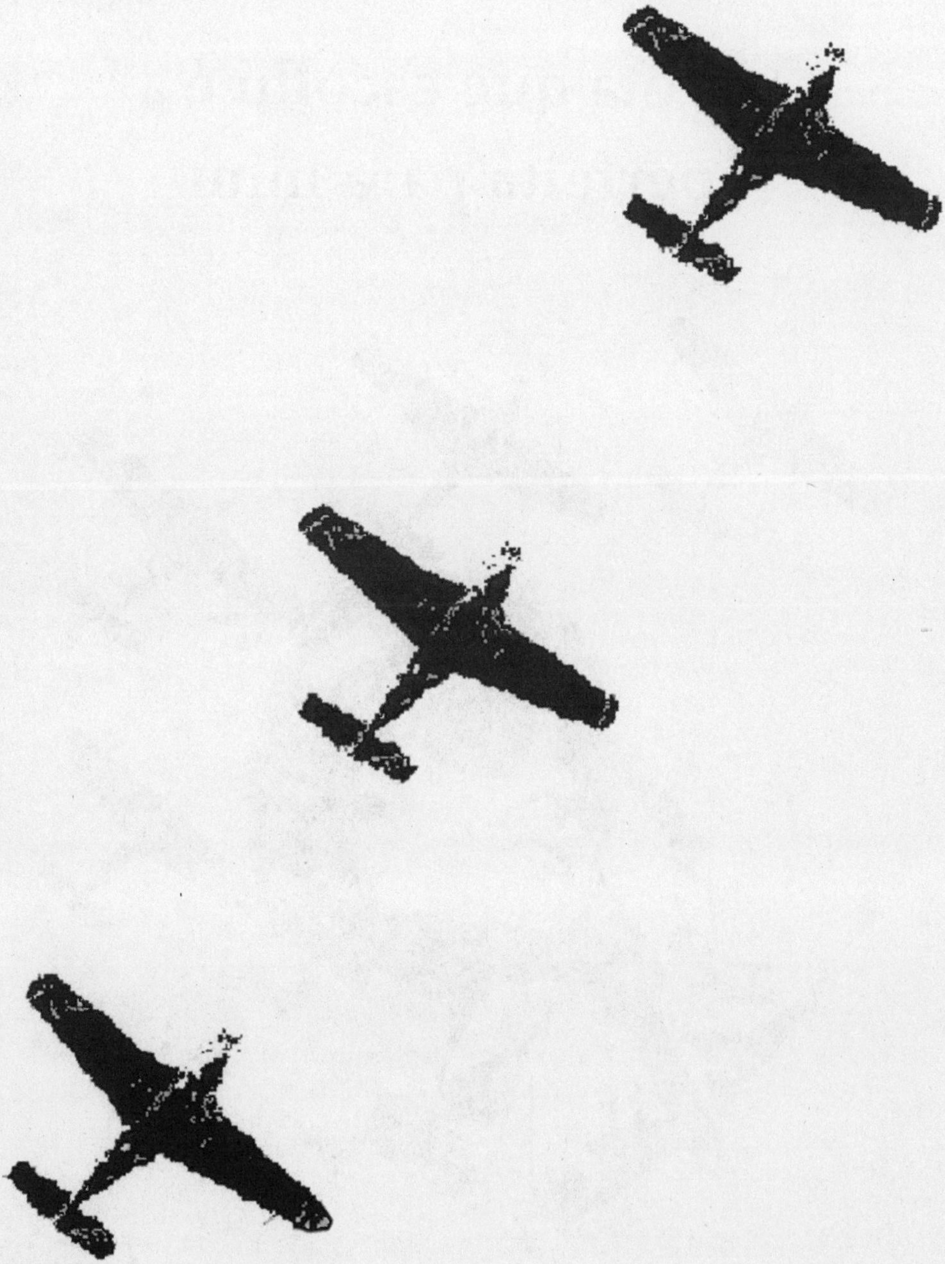

A rota que escolhi é a perfeita para mim

Marcia Pesce Gomes da Costa

É uma empresária brasileira, casada, mãe de dois filhos, fundadora e presidente da *Marcia's Catering*. Nascida em São Paulo, em 1964, graduou-se em Odontologia e obteve pós-graduação em Administração Hospitalar na Fundação Getulio Vargas (FGV). Em 1992, tornou-se empreendedora, com uma proposta inovadora de serviços gastronômicos para jatos executivos. Presente em 16 aeroportos brasileiros e entornos, sua empresa atende ininterruptamente autoridades nacionais e internacionais, empresários, chefes de Estado e celebridades do mundo artístico e esportivo. Em 2014, durante a Copa do Mundo da Fifa no Rio de Janeiro, comandou a gigantesca operação de *catering* para jatos executivos no Aeroporto Internacional do Galeão. Foi uma das convidadas como bolsista para o curso *10,000 Women*, do Babson College, patrocinado pelo grupo Goldman Sachs, em 2016, e do *Winning Women*, programa de mentoria mantido pela Ernst & Young, em 2018. É presença constante em debates envolvendo a atuação da mulher no universo da aviação.

INTAGRAM

Talvez seja um traço de nós, mulheres, nos entregarmos aos nossos projetos ao mesmo tempo em que cuidamos de tantas outras coisas, que só mesmo parando e olhando em retrospectiva conseguimos ver a força e a determinação que possuímos. Eu mesma poucas vezes parei para me dar conta de minha trajetória. Tudo foi acontecendo sem muito tempo para reflexões, enquanto eu levava os filhos ao médico, conduzia reuniões com clientes, negociava com fornecedores. De repente, olho e vejo que posso me considerar uma empresária bem-sucedida. Mais que isso, uma mulher realizada, pois no meio desse turbilhão de atividades consegui criar filhos incríveis, estar junto a meus pais e compartilhar a vida com o homem que sempre amei. "Como eu cheguei até aqui?", pergunto. Posso dizer que, com certeza, a determinação de fazer o que eu julgava certo para mim foi fundamental. Isso envolveu autoconhecimento, muito trabalho e a parceria de pessoas especiais que são parte das minhas conquistas.

Se eu pudesse escolher uma cena emblemática para representar minha jornada, seria uma noite de inverno de 1994, em São Paulo, cidade onde nasci e vivo. Eu tinha 30 anos e comandava uma operação gigante de produção, montagem e entrega de *caterings* para atender a uma linha comercial de aviação de grande porte. Lembro-me do imenso galpão ao lado do Aeroporto de Congonhas, com muitos maquinários e cerca de 50 funcionários em movimentação. Ao meu lado, enquanto eu conferia os pedidos, estava o meu segundo filho, com apenas um mês de vida. *Workaholic*? Não, nunca fui. Aquela era uma mulher cheia de sonhos disposta a ver seu negócio crescer! Um mês antes eu havia recebido a notícia de que tínhamos fechado um contrato com essa companhia. Até então, só atendíamos aeronaves executivas e uma linha comercial importante, mas relativamente pequena. Era necessária uma revolução na empresa e não havia tempo a perder, porque o fornecimento deveria começar o mais rápido possível.

Precisávamos de mais funcionários, um espaço maior, otimizar a lista de insumos, montar a logística de produção e entrega. Para dar ainda mais emoção ao momento, quando me deram a boa-nova, eu estava a caminho da sala de parto! Resultado: o quarto na maternidade virou um quartel-general para planejarmos a nova fase. Montamos uma equipe emergencial e lá ficamos, entre os choros do meu bebê e os detalhes da operação. A determinação de fazer aquilo dar certo e, ao mesmo tempo, de receber com amor meu segundo filho, me encheu de uma força gigante que eu nem conhecia.

Quando conto esse episódio para meus meninos, hoje dois homens, eles (felizmente!) ficam muito orgulhosos. Entendem que nunca deleguei minha maternidade e que minha família sempre foi prioridade. Mas muitas vezes precisei abdicar de horas ao lado deles para resolver questões inadiáveis na empresa. Assim como muitas vezes deixei de estar na empresa porque precisava estar ao lado deles. Não é essa a rotina dura da mulher empreendedora? Eles sabiam que aquele projeto era fundamental para mim e que meu maior desejo era que ele fosse vivido por todos nós, como uma família. Cada um com sua cota de sacrifício. O lado bom é que temos muitas alegrias com este negócio, que se soma a outros que partilhamos. São mais de três décadas de conquistas em torno de uma empresa comandada por uma mulher, com uma proposta pioneira de serviço que influenciou o mercado de *caterings* no Brasil. Dá um calor no coração pensar que construí isso...

Prazer em atender

Eu poderia trafegar por diversas rotas. Optei por aquela capaz de me proporcionar o voo mais seguro em direção aos meus sonhos, apesar dos desafios. Os tempos eram duros. A *Marcia's Catering* nasceu em um Brasil muito diferente do atual – sem internet, sem celular e sem política de apoio ao empreendedorismo feminino. Começou com um espaço pequeno, ganhou força quando passamos a atender a TAM Jatos Executivos e, já consolidada, chegou ao patamar que eu almejava quando a Líder Táxi Aéreo confiou em nossa proposta e montamos a primeira cozinha em um hangar para seus clientes.

Por outro lado, foram inevitáveis as turbulências. A empresa já foi menor, também já foi maior, até chegar ao perfil que no fundo eu desejava, com uma proposta de atendimento customizado e cuidadoso. Hoje, sei que estou onde eu queria estar. Consigo responder rapidamente às demandas, acompanhar os processos e imprimir minha marca no serviço. Para chegar a este formato, porém, foi preciso aprender muito, na teoria e na prática, celebrar acertos e rever erros. Contar com meus filhos, meu marido e meus pais nesta caminhada foi a energia para eu nunca desistir. Eu fiz dessa energia o motor para conseguir, por exemplo, fazer minha pós-graduação em Administração na Fundação Getulio Vargas, já grávida de meu primeiro filho. Foi a partir dessa minha nova formação que optei sem medo pela rota do empreendedorismo.

Atualmente, a *Marcia's Catering* prepara e entrega uma média de 45 serviços por dia apenas para voos em aeronaves executivas. São 50 funcionários atuando em três bases fixas em São Paulo, Guarulhos e Brasília, com mais de 200 clientes. Nosso principal escopo é fornecer as refeições de bordo, confeccionadas em nossa cozinha própria, poucas horas antes do embarque. Os clientes escolhem entre cerca de 190 opções de nosso menu para as refeições do dia. Ou sugere algo e preparamos. Prefere um prato especial de um restaurante? Vamos atrás deste item. Além das refeições, precisa de toalhas, itens de higiene, papelaria, taças, revistas, jornais, flores, roupas de cama, pijamas? Seja o que for, nossa equipe está disponível todos os dias, 24 horas, para fornecer qualquer item necessário. Conto com uma equipe afinadíssima, formada por profissionais que cresceram comigo e compartilham desse meu prazer de atender aos pedidos, por mais desafiadores que sejam. É sempre muita correria, mas, quando o avião sai com tudo certinho, nossa vontade é de abrir um champanhe e brindar! Pena que dificilmente dá tempo.

Meu jeito de enfrentar o machismo

Curioso que um negócio com esse perfil nunca esteve em meus planos. Eu me preparei para ser dentista, mesmo sob os protestos de meu pai, que tinha planejado me fazer advogada. Ele era militar, conservador, disciplinado e machista. Eu era a caçula, única mulher de três filhos. Minha mãe me contava, rindo, que até percebeu que ele ficou levemente frustrado quando eu nasci e soube que não era outro menino. Ele achava que mulheres eram seres frágeis e necessitavam de cuidado e amparo masculino constante. Além disso, não deviam falar alto, se expor demais, precisavam zelar pela imagem. Sim, é o famigerado machismo, que não está em uma pessoa, mas permeia toda a sociedade. E nós, mulheres, conhecemos muito bem. Eu precisei reagir a ele. Sabia que desafiar meu pai e cursar Odontologia significava comprar uma briga, mas era essencial para minha autoestima e meu crescimento. Por ter sido criada em meio a tanta vigilância e proteção, me tornei uma menina tímida. Mas isso não me impediu de sempre brigar pelo que acredito.

Quanto ao meu pai, acabou me entendendo. Fomos nos tornando muito amigos depois que comecei a trabalhar e ele se deu conta de que mulheres também têm projetos próprios e não precisam de cuidadores, mas de parceiros. Cursei a faculdade de Odontologia, me formei e atendia pacientes no contraturno do consultório dele. Ele não me apoiava, mas não me impedia de trabalhar. Eu era a primeira mulher a contrariar uma decisão dele. De certa forma, ele também estava passando por uma reeducação e foi muito bonito ver esse processo. Acabou sendo um dos maiores incentivadores da minha decisão de empreender. Junto com minha mãe, que sempre esteve ao meu lado, me apoiou em todos os momentos, tanto nos planejamentos quanto na hora de colocar a mão na massa.

Meu pai morreu em 2015. A partida dele foi um dos momentos mais duros da minha vida. Perdi um pedaço de mim mesma. Mas eu precisava seguir, mesmo em meio à dor. Nesse período, fui selecionada para o programa *10.000 Mulheres,* na FGV. É uma iniciativa internacional da Goldman Sachs com a Babson University para incentivar as empreendedoras em um ambiente ainda muito inóspito para todas nós. Em seguida, ingressei em um outro programa, o *Winning Women*, da consultoria Ernst & Young. Muita aprendizagem e uma rede de relacionamentos vigorosa foram alguns dos enormes ganhos que tive nesses programas.

Turbulências no caminho

Lembro como se fosse hoje o dia em que meu marido, piloto de carreira há 46 anos, 33 deles no ramo de voos com aeronaves executivas, comentou que os passageiros não estavam mais suportando as "quentinhas" que recebiam a bordo. O serviço de bordo era um ponto fraco e o mercado certamente receberia bem uma nova proposta de atendimento. Coincidentemente, nessa época, eu estava afastada da Odontologia e já cursava pós-graduação em Administração.

Eu não entendia nada de comida, é verdade – confesso que ainda sou muito medíocre no fogão --, mas tinha desenvolvido habilidades administrativas e, com profissionais corretos e uma proposta diferenciada, aquele poderia ser um bom nicho para um empreendimento. A ideia era substituir as quentinhas por refeições frescas, elaboradas com ingredientes de primeira linha, servidas com elegância, em pratos de porcelana, com talheres de inox, copos de vidro e taças de cristal. Provei que era possível levar este padrão elegante de *catering* para os jatos executivos.

A coisa deu tão certo que em poucos meses meu sonho de atender cinco aeronaves por dia se tornou realidade. O *insight* que recebi do meu marido foi a virada de página em minha vida. Nunca canso de lhe agradecer por toda a parceria. Muitas vezes ele se envolveu com as operações e até planejou a estrutura do local onde hoje temos a cozinha central e o escritório, dentro do hangar da Líder Táxi Aéreo, no Aeroporto de Congonhas. Ele já era piloto quando nos conhecemos e segue com este ofício que é sua paixão, além de comandar empreendimentos próprios. Com ele, aprendi a conduzir os negócios durante as fases mais difíceis e a descobrir caminhos inovadores nessa área. De quebra, também aprendi a amar os aviões – hoje até consigo distinguir com facilidade um Falcon de um King Air, um helicóptero Agusta de um Bell. Para chegar ao meu escritório, no hangar da Líder, circulo em meio a jatinhos e helicópteros e sinto-me íntima de todos. Gosto de pensar no mundinho particular que precisa ser construído dentro de cada um deles para que a experiência do voo seja a melhor possível.

Mas o céu não é sempre de brigadeiro. Houve momentos nos quais as coisas começaram a ficar tão complicadas que achei que meu sonho de empreendedorismo estava desmoronando. De repente, as companhias aéreas comerciais que eu atendia apresentaram problemas financeiros seríssimos e quase ao mesmo tempo. Eu havia criado uma estrutura para dar conta da demanda no tal galpão onde ficava a minha linha completa de produção. Estávamos atendendo a TABA (Transportes Aéreos da Bacia Amazônica) e a Pantanal. Com 70 funcionários, eu precisava de mais um cliente para equilibrar a produção sem ociosidade, e ele apareceu: a VASP (Viação Aérea São Paulo), uma companhia prestigiada, comandada pelo empresário Wagner

Canhedo, então nosso cliente nos voos executivos. Durante três anos vivemos uma lua de mel com a companhia. Até o dia em que ela começou a atrasar demais os pagamentos. Eram os primeiros sinais da dificuldade financeira que a levaria à falência. Em seguida, a Pantanal entrou em crise e a TABA teve seus dois aviões retirados de circulação por problemas no hangar.

Foi o momento mais dramático de meu negócio. Segui atendendo a VASP, mas precisei interromper o serviço em certo momento -- e isso implicava reduzir a operação e demitir grande parte dos funcionários. Meu pai chegou a andar de nossa casa até a Igreja de São Judas Tadeu, pedindo por um milagre. E ele aconteceu! A Líder requisitou uma operação em Brasília. Com isso, foi possível remanejar as equipes, depois de fechar o galpão.

No tamanho ideal

E qual foi a lição desse momento tumultuado? Uma delas foi aprender a ouvir a minha intuição. Sou perfeccionista e gosto de tudo absolutamente correto e sob controle. No fundo não me agradava a ideia de atender grandes linhas comerciais, porque o espírito é outro. Chega até a ser mais fácil, por um lado, pois tudo é mais programado, sem grandes mudanças. Mas o desafio é o grande volume. Além disso, qualquer baque em uma das empresas representa um impacto violento no faturamento de um fornecedor. Sei que seria natural, depois de tanto sucesso na aviação executiva, seguir por este caminho. A verdade, no entanto, é que gosto do estilo customizado das aeronaves executivas. Não segui minha intuição e experimentei na prática as dificuldades financeiras. Foi muito dolorido.

Sofri para colocar tudo em ordem novamente e desisti de atender às linhas comerciais. Surgiram propostas para eu retornar a esse segmento, mas mantive minha posição. No lugar disso, busquei operações em outros aeroportos e novas oportunidades. Não quero ser gigante, gosto dessa escala dos voos executivos, assim como eventos, feiras especializadas. É onde eu posso mostrar a qualidade de meu serviço em sua totalidade e fica claro o diferencial da minha empresa: a obsessão por atender a necessidade do cliente. Não é nada fácil. Não tenho o volume que demandam as linhas comerciais, mas os pedidos acontecem a qualquer hora, muitas vezes a poucos minutos do embarque. É como uma gincana repleta de missões quase impossíveis.

O bom é que consigo tempo para a academia, para celebrar o dia do nhoque com a família e para viagens-relâmpago para encontrar meu marido em algum lugar do mundo. O segredo é contar com uma rede de bons profissionais, em casa e na empresa, e com a parceria da minha família. Por causa dessa rede, conseguimos ter momentos inesquecíveis como a operação na Copa do Mundo no Brasil, em 2014. Aceitamos o desafio de atender às aeronaves executivas que chegavam de todo o mundo ao Aeroporto Internacional do Galeão, no Rio de Janeiro. Eram mais de 100 aviões, inclusive Boeings e Airbus, em um enorme pátio. Montamos a operação em uma cozinha feita de *containers* dentro do aeroporto! O pico da emoção aconteceu próximo à final, dia 13 de julho de 2014. Vários desses aviões decolariam assim que a partida acabasse. Dois dias antes, corri para me juntar aos três chefs e suas equipes que há um mês trabalhavam em ritmo acelerado. Chegando lá, havia um bolo e cachorro-quente para festejar o quê? O meu aniversário de 50 anos! Jamais imaginei uma surpresa tão linda e emblemática no meio daquela loucura. Aquelas pessoas eram definitivamente parte do meu sucesso. Assim que cortamos o bolo, cada um correu para um canto para atender ao enxame de pedidos. E quando aqueles aviões subiram, vimos os vários mundinhos particulares que construímos com zelo e prazer, agora a milhares de pés da superfície da Terra. Foi a melhor festa de aniversário da minha vida...

A CIF (crachá) Nº1
da GOL Linhas Aéreas

Maria de Nazaré Guimarães Sousa

Especialista em ESG na GOL Linhas Aéreas. Graduada em Gestão de Recursos Humanos pelo Centro Universitário FMU, Campus Liberdade, em São Paulo, São Paulo. Há 19 anos atuando em projetos sociais, ambientais e de governança os quais contribuem para a sustentabilidade da companhia e das comunidades em que ela opera. Atualmente está à frente da Secretaria Executiva do Instituto GOL, sendo responsável pela gestão do Programa de Doação de Passagens, Programa de Voluntariado e Gestão e Desenvolvimento das iniciativas e projetos direcionados às comunidades. É consultora convidada do Grupo Gerações, que tem como objetivo estabelecer a sinergia e intersecção entre pessoas das mais diferentes idades, na busca pelo bem-estar de todas as pessoas colaboradoras que fazem parte do Programa de Diversidade da GOL, desempenhando um papel estratégico na orientação e desenvolvimento dos participantes, para o fomento de ações diversas e equânimes.

LINKEDIN

Muito prazer! Meu nome é Maria de Nazaré Guimarães Sousa, mas ao longo da vida ganhei muitos apelidos. A afetuosidade de meus irmãos, familiares e amigos me fez ser conhecida também como Naza, Nazá, Naná, Nazareth, Nassarezinha e, na GOL, 01. Nasci em Bacabal, no Maranhão, no dia 20 de novembro de 1959. Sou filha de Elman, uma pessoa de gentileza ímpar (já falecido), e de Ana Marly, que hoje, aos 86 anos, inspira-me com sua energia e força de vontade. Ela é minha maior fonte de inspiração, incutindo em mim toda a energia e vigor para buscar meus sonhos e, com meus méritos, consagrar minhas conquistas. Ensinou-me, com sua jornada, que nunca é tarde para realizarmos nossos sonhos.

Cresci com uma guerreira, minha mãe, que aos 61 anos se tornou advogada, após uma carreira como enfermeira. As mulheres da família da minha mãe são assim: fortes, persistentes na busca de seus sonhos, capazes de superar qualquer adversidade ou desafio com coragem e dignidade. São verdadeiras e incansáveis arquitetas de seus próprios destinos.

Nesse lar, em que a bússola moral sempre apontou para o norte, cresci. Um porto seguro onde a riqueza material era suplantada pela nobreza do caráter. Meus avós, faróis que iluminavam meus caminhos, eram a própria essência da honradez. A serenidade de seus olhares e a firmeza de seus valores moldaram quem sou. Embora o tempo tenha nos separado, a força de suas lições ecoa em meu coração, um legado mais valioso do que qualquer ouro.

Deixei Bacabal ainda muito pequena e fui morar em Caxias, no Maranhão, com meus avós paternos. A casa do meu avô sempre foi uma referência para mim, um refúgio para a minha imaginação, com pomares que perfumavam o ar e doces feitos pela minha "vozinha", a qual não tinha vínculo de consanguinidade comigo e com meus irmãos, mas cativava tanto nossos corações, com tantos mimos e afetos - sem me esquecer da guloseimas — que todos a guardávamos amorosamente no coração como querida "vozinha". Lembro-me dos tachos de doce de goiaba no meio da cozinha. Fecho os olhos e posso sentir o cheiro até hoje. São lembranças afetuosas que trazem memórias carinhosas. Em 2019, voltei a Caxias. Não tive dúvida: bati à porta e pedi licença à moradora para rever a casa. Fiquei emocionada; por um momento, pude sentir novamente o aroma nostálgico do doce de goiaba.

Sou a terceira de sete irmãos: Conceição (Maninha), Souza Neto, Márcia, Ana Teresa, Souza Filho e Ricardo. Além disso, mamãe também criou duas de nossas tias, Graça e Nena, devido à perda precoce da minha avó materna, que deixou meu avô viúvo com 13 filhos — a mais velha com 19 anos e a caçula com apenas 12 horas de nascida. Nossa infância foi simples; passamos por dificuldades financeiras, mas a alegria e o afeto transbordavam.

Em 1964, mudamo-nos para Brasília; Brasília estava mergulhada no alvoroço e nas contínuas novidades de uma cidade em construção; com seu famoso barro vermelho que cobria e dava um colorido específico para a cidade que logo se tornou o meu novo lar. Para mim, Brasília sempre foi mágica: a "cidade-céu", como dizia o hino. O céu estrelado, as brincadeiras na rua e a sensação de que tudo era possível povoavam a minha imaginação. Não me recordo de ter visto um céu mais estrelado do que o de Brasília. Lembro-me de que ver estrelas cadentes era a nossa rotina noturna naquele tempo em que ainda era possível brincar nas ruas.

Em 1968 fomos morar em Taguatinga Sul, uma região administrativa (antiga Cidade Satélite) do Distrito Federal, onde não havia nada em volta, apenas mato e barro. Um vasto mundo para brincar e imaginar. Brincávamos nas ruas sem medo, jogávamos bandeirinha, queimada e assistíamos aos meninos jogando futebol. Naquela época, a vida parecia mais leve, mais simples, mais segura. Éramos felizes... Os castigos e as palmadas eram logo esquecidos nas brincadeiras e nas algazarras próprias da meninada. Acompanhei de perto o crescimento da capital, incluindo a Catedral sendo erguida, um marco histórico que testemunhei. Aqui, percebi que tinha pés para andar e imaginação para voar, explorando a vasta amplidão de Brasília.

Fui uma criança curiosa, brincalhona, alegre e sorridente. Desde cedo, desenvolvi uma paixão pelos livros e aprendi a ler rapidamente. Estudei em boas escolas públicas e, mesmo sem ser a aluna mais brilhante, sempre fui participativa, destacando-me pela facilidade de comunicação; participei dos desfiles de 7 de Setembro, pratiquei ginástica rítmica, nunca me deixando intimidar.

Na adolescência, mudei-me para a região administrativa do Guará II, onde fiz novos amigos. Quando minha mãe estava trabalhando, os irmãos mais velhos cuidavam dos mais novos; os afazeres da casa eram compartilhados entre nós e cuidávamos da nossa tia Nena, que, com suas necessidades específicas, sempre nos unia. Mesmo assim, encontrávamos tempo para nos divertir e aproveitar nossos dias.

Lá no Guará II, fizemos novos amigos, transformamo-nos numa verdadeira família. Nossa casa estava sempre cheia. Passávamos horas conversando com os amigos nas calçadas, realizávamos festa junina, organizávamos quadrilhas, assistíamos às partidas de futebol dos meninos que aconteciam sempre no Ano Novo, tínhamos as paqueras, as festas nas casas dos amigos, em nossa casa; devido a essas festas, descobri minha paixão pelo carnaval, tudo era muito divertido; esse era o espaço privilegiado para os sonhos, os devaneios.

Já alimentava muitos sonhos: ser professora, comissária, servir à Aeronáutica e conhecer o mundo. Dentro de casa a realidade era mais puxada, mais pé no chão, mãos na massa, literalmente; havia responsabilidades, tivemos dificuldades, mas éramos unidos. No meu dia a dia, fui modelada para ser proativa, determinada, responsável, impulsionada a alcançar meus sonhos, realizar meus desejos. Essas experiências foram válidas para eu adquirir aspectos que me possibilitaram atingir meus objetivos profissionais.

Um dia, ainda adolescente, decidi passar férias em Olinda, Pernambuco, e, com meu espírito aventureiro, acabei morando lá por dois anos com meus tios e primos. Tudo foi muito divertido! Era a época das discotecas, cheia de aventuras e ousadias adolescentes. Depois dessa temporada em Olinda, voltei para Brasília, e o tempo seguiu seu curso natural.

Ficar em "berço esplêndido" nunca fez parte de meus propósitos. Fui à luta. Iniciei minha vida profissional como demonstradora na loja da Cooperativa do Congresso, onde descobri que não tenho vocação para vendas, mas me divertia embalando presentes e fazendo notas fiscais. O ambiente de trabalho era agradável, fiz muitos amigos, que carrego comigo até hoje, lembrando-me dos doces momentos, da boa companhia. Continuei vivendo assim até o dia em que recebi um convite que mudaria minha vida e o meu destino, isso no ano de 1983.

Minha irmã mais velha trabalhava na Infraero e, um belo dia, perguntou-me se eu não queria passar um fim de semana com ela em São Paulo. Recordo que uma semana depois seria o feriado da Páscoa, em abril de 1983. Essa data foi marcante em minha trajetória de vida, pois nunca mais voltei a morar em Brasília. Fomos passar esses dias na casa de uma de minhas tias, que residia na terra da garoa, junto com suas duas filhas. No mesmo apartamento, moravam outra tia e uma prima. Éramos muito unidas e animadas; os risos e as brincadeiras ecoavam pelo ambiente. Era "A Casa das Seis Mulheres", quase a vida real imitando a ficção, como no livro ou na minissérie "A Casa das Sete Mulheres". Se essa casa se estruturava entre o fantástico e o insólito, nossa casa se movimentava entre o maravilhoso e a realidade sonhada!

Um dia, minha tia falou sobre um anúncio da Breda Turismo que estava requisitando recepcionista. Ansiosa por novas experiências e desejando viver e trabalhar em São Paulo, fiz questão de me inscrever e fui imediatamente à sede da empresa para a entrevista. Quando cheguei, o horário para preencher a ficha já havia acabado, mas não arredei o pé. Como tinha de esperar minha tia me buscar, pensei: vou ficar aqui. Se ela chegar, vou embora e depois volto no horário certo; se não chegar, espero todas as candidatas entrarem e tento falar com o diretor. E assim foi. Bati à porta e disse ao diretor que não tinha ficha, se podia entrar. Fiz a entrevista e, dois dias depois, recebi uma ligação. Lembro-me do meu coração acelerando quando ele disse: "Você está contratada".

Uma de minhas atribuições era realizar viagens, atuando como uma espécie de guia de turismo. Vocês podem imaginar a expressão que fiz ao ouvir isso... Não sabia como poderia ser guia de turismo, pois não conhecia muitos lugares. Mas sempre me joguei diante das possibilidades. Já lhes informei que em mim mora uma aventureira, sempre com muita sede de explorar novas fontes. Havia melhor oportunidade de pôr os pés nas estradas e descobrir caminhos nunca percorridos?

Na Breda Turismo, embarquei em diversas funções, desde o almoxarifado de impressos, onde lançava faturas e gerenciava malotes, até guiar grupos da terceira idade em viagens memoráveis por lugares como Petrópolis e Brasília. Em apenas três meses, tornei-me parte fixa da equipe, responsável por solicitar os pedidos de confecção de bilhetes para as passagens do litoral Sul. Essa experiência não só me conectou ao mundo da aviação, mas também me proporcionou momentos especiais ao lado de viajantes.

Atuei em diversas áreas da empresa. Depois do almoxarifado, fui para o setor de Excursões e, em seguida, trabalhei como recepcionista da Diretoria, ainda com a família Breda. Voltei para o setor de Excursões por alguns anos até que a empresa foi vendida, em 1990, para a família Constantino. Após passar por um período de experiência como secretária (função que eu ainda não conhecia bem), tornei-me a secretária da Diretoria, liderada, naquela ocasião, pelo Joaquim Constantino, poucos anos depois chegaram os demais diretores, todos pertencentes à família: o Junior, o Henrique e o Ricardo. A partir disso, procurei cursos que me capacitassem e habilitassem para diversas atribuições. O principal foi um curso à distância de secretariado com Liana Natalense, que era referência na área. Algum tempo depois a trouxe para realizar o mesmo curso com todas as secretárias da empresa. Essa experiência foi fundamental para minha formação.

Durante esse período, já participávamos da Áurea, holding do Grupo da família Constantino. Minha função como secretária sempre foi dinâmica e diversificada. Paralelamente, fiz parte da equipe responsável pela criação da Abretur – Associação dos Funcionários da Breda Turismo, da qual fui diretora social e presidente. Participei de projetos como a implantação do Sistema de Gestão da Qualidade. Nunca me acomodei.

Assim a vida foi seguindo, até que, em agosto de 2000, a rota da minha trajetória mudou completamente, com a decisão da família Constantino de investir na aviação, que resultou na criação da GOL Linhas Aéreas.

Quando a empresa ainda estava dando os seus primeiros passos, fui convidada a fazer parte dessa jornada. Em 1º de agosto de 2000, comecei na GOL, como secretária do então presidente, Constantino Junior, acompanhando de perto a estruturação da Companhia. Minha entrada na GOL foi um salto inesperado. Ultrapassar as barreiras da mudança como: idioma, nova cultura, novas atribuições e responsabilidades, criar processos, só foi possível graças ao apoio dos executivos com os quais eu trabalhava, dos amigos, dos colegas que deixei na Áurea, da equipe que se formava na Rua Helena, primeiro escritório da GOL e, claro, da minha família.

A secretaria era composta apenas por mim, mas contava com a ajuda de todos. O início foi desafiador, estruturar a Secretaria Executiva, com a contratação de novas colaboradoras, agendamento de reuniões com *lessores* (arrendadores); passar o dia entre agendas, marcando reuniões com agências de publicidade que apresentariam propostas da identidade visual da Companhia, atendia os candidatos a futuros gestores de diversas áreas, providenciava reservas de passagens das equipes da Central de Relacionamento com o Cliente e Aeroportos para participarem de treinamentos que aconteciam dia e noite, para pessoas provenientes de vários Estados para São Paulo, até a confecção manual dos cartões de visita, refletindo nossa essência, além de todas as atividades atribuídas a uma secretária. Assim, a secretaria era um universo vibrante, onde cada tarefa pulsava com vida e criatividade, e eu fazia parte de algo grandioso.

Tenho muitas lembranças do período de fundação, desde a transformação de uma sala de treinamento em nosso CCO (Centro de Controle Operacional), que hoje (setembro de 2024) coordena 600 voos diários até a construção de uma equipe coesa que trabalhava incansavelmente em projetos de longa duração. Nesse tempo, já havíamos nos mudado da Rua Helena para o prédio da garagem da Breda Turismo em São Bernardo do Campo.

Em uma sala, a equipe de TI trabalhava incessantemente para deixar o sistema pronto. Na época, em meio a tanto trabalho, não conseguíamos mensurar a importância da GOL e como mudaria o rumo da aviação brasileira, contudo, em meio a projetos, sonhos e muita dedicação, em 15 de janeiro de 2001 colorimos o céu de laranja.

Um dos momentos mais especiais que presenciei foi a chegada da primeira aeronave da GOL em Guarulhos, começava ali uma história, um projeto ganhando asas, ou melhor, já aterrissando. Com a chegada, decolava o desafio para contratar o futuro "Time de Águias".

Os primeiros anos foram desafiadores, a aviação brasileira não estava pronta para uma cultura tão arrojada e ousada como a nossa. Tenho muito orgulho de fazer parte do primeiro voo da GOL, de número 1741 que decolou às 06h56 de Brasília, com a aeronave Boeing 737-700 de matrícula PR-GOE, com destino a São Paulo, aeroporto de Congonhas e tudo que ele representa. Durante os anos que estive como secretária, observei a evolução da GOL, o vaivém dos novos passageiros tendo acesso a viagens de avião. Sou um testemunho vivo da mudança da aviação brasileira.

Em 2005, a minha carreira tomaria um novo e relevante rumo; fui convidada a estruturar o setor de sustentabilidade da Companhia. Tudo era novidade, poucas empresas entendiam o que era sustentabilidade e o setor aéreo não via o tema como um fator estratégico, novamente estávamos com uma oportunidade e busquei aprender rapidamente sobre a temática. Participei de congressos, encontros e, quanto mais me envolvia com o tema, mais pairava uma dúvida: o que eu aceitei para minha vida? Foi uma decisão tomada por um impulso, durante um bom tempo me questionei se tinha sido a decisão certa, estava deixando a minha zona de conforto e aceitando outro assento. Mas fui em frente, atuando nessa área, que embasou minha capacidade para desempenhar minha nova função.

Trabalhar com ESG (ambiental, social e governança), que na época ainda era tido como sustentabilidade, é um desafio. Sem muitas referências, fui procurar graduação para aprimorar meus conhecimentos específicos, mas não havia muitas oportunidades e as que existiam eram muito caras, então, busquei o que estava ao meu alcance: pesquisas pela internet, cursos, congressos, fóruns, de organizações especializadas, alguns pagos pela empresa, outros eu mesma custeava. Onde via oportunidades, eu ia me encaixando. Isso foi me dando mais segurança para trazer para a Companhia o que o mercado, os investidores e os demais públicos demandavam. Um dos primeiros passos que dei foi regularizar o apoio social, criando políticas, fazendo a parte regulatória, estruturando critérios para a seleção dos projetos, que hoje traz alguns aprimoramentos, como seleção de projetos por meio de Edital e com um comitê de avaliação composto por executivos da Companhia. Criamos também o programa de voluntariado "Colaborador Cidadão" (atual Águias do Bem), que é sempre lembrado pelos meus colegas pelo impacto positivo na vida de muitas pessoas.

No contexto ambiental, estabelecemos parcerias estratégicas com organizações renomadas, como a SOS Mata Atlântica. Além disso, adotamos as plataformas GHG Protocol e Carbon Disclosure Project (CDP) para monitorar e reduzir nossas emissões de gases do efeito estufa. Desenvolvemos diagnósticos e planos de ação para implementar um Sistema de Gestão Ambiental, visando obter a certificação IEnVa (IATA Environmental Assessment) ou Avaliação Ambiental IATA, sigla para International Air Transport Association, que significa Associação Internacional de Transportes Aéreos, cuja missão é representar, liderar e atender o setor de companhias aéreas do mundo.

À medida que o tema ganhava forma e a GOL conquistava espaço no mercado com projetos disruptivos em acessibilidade, desenvolvemos o relatório de sustentabilidade da empresa, com base nas normas da GRI (Global Reporting Initiative), pioneiro no setor aéreo brasileiro. Esse trabalho me enche de orgulho até o presente e embala minhas perspectivas de vida e de profissão. Alguns veem o relatório como um documento; de fato, ele é, mas o enxergo como a consolidação do trabalho de um setor que tive o privilégio de estruturar e do qual faço parte até agora, contribuindo com minha experiência e trabalho. É um documento que imprime a estratégia, a marca e a cultura da empresa!

Com os anos aprendi que essa temática precisa ser imbuída nas pessoas, antes delas a executarem em seu dia a dia profissional. Cabe a nós, profissionais da Sustentabilidade, instruir as pessoas, mostrar o valor dessa frente para o negócio, ouvir, argumentar, gerar a conversa acerca do tema!

A minha carreira foi uma jornada de aprendizado constante. Quando, aos 47 anos, entrei na faculdade e me formei em Gestão de Recursos Humanos, sei que assinalei a minha vida com mais uma vitória. Nunca é tarde para realizar sonhos e, ao olhar para trás, vejo como cada experiência, cada desafio trouxe-me até aqui, à semelhança de meus avós e de meus pais, com retidão de caráter.

Aprendizados não só acadêmicos, mas trabalhar em projetos que trouxeram transformação pessoal, mudanças de comportamentos, como a preparação da Companhia para os Jogos Paralímpicos realizados, em 2016, no Rio de Janeiro (Brasil), e ver a realidade de muitos jovens, sem oportunidades, por meio do Projeto Criando Asas, significativamente transformada é motivo de grande alegria, não somente para mim, mas também para todos os envolvidos e para a GOL.

O ano de 2010 foi um momento ímpar em minha trajetória também, com a consolidação do setor, já que consegui decolar mais um projeto. O "Criando Asas" nasceu junto ao Instituto GOL, um programa para oportunizar acesso ao mercado de trabalho de jovens, de Lagoa Santa, Minas Gerais, onde se localiza o nosso Centro de Manutenção, GOL Aerotech e que, continuamente, recebe reconhecimento.

O Instituto GOL era um desejo da diretoria para a qual me reportava, mas também um desejo pessoal, os meus olhos se enchem de lágrimas ao relembrar todo o impacto que ele tem, são tantos depoimentos, tantas vidas transformadas. Já perdi as contas de quantas vezes escuto a frase: "Minha primeira viagem de avião foi com a GOL, graças à doação do Instituto". Isso não tem preço, tem gratidão!

A vida é cheia de reviravoltas e tenho orgulho de tudo o que construí. Em 2012, com a chegada de Paulo Kakinoff à presidência da GOL, a área de sustentabilidade ganhou força. Foi um período de grandes conquistas; participei de momentos históricos, como a representatividade da GOL em conferências internacionais. Até chegarmos ao Conselho Administrativo. Sabe o que é começar do zero e chegar à reunião de Conselho formado por conselheiros independentes, mas encontrar o seu presidente, vice-presidentes e os acionistas da Companhia? Preciso dizer se deu um frio na barriga?

Trabalhar na aviação me possibilitou conhecer diversos lugares, presenciar o crescimento dos colegas e o exemplo mais forte que trago é a trajetória do nosso atual CEO, Celso Ferrer, que entrou na Companhia como estagiário, acendeu luzes para me descobrir uma pessoa apaixonada pelo setor aéreo. Durante a pandemia, vivemos um colapso, recordo-me do aeroporto de Congonhas vazio, sem voos, sem pessoas, sem vida. Assim como todas as pessoas e empresas ao redor do mundo, sofremos muito, reorganizamos a nossa rotina, a retomamos e a cada dia, quando vejo uma aeronave decolando de CGH, o meu coração pulsa mais forte, repleto de "sangue laranja".

Hoje, sou especialista de Sustentabilidade na Diretoria de Gente e Cultura da GOL e, com muita satisfação, vejo a concretização do que pensei, lá em 2005, há quase 25 anos, e ainda sinto a emoção de trabalhar com ESG. Olhando para a minha trajetória, vejo que cada etapa foi um tijolinho na construção de uma história repleta de desafios e conquistas. Fazer parte da GOL é motivo de muito orgulho. E, claro, ser chamada de "CIF (código de identificação de funcionário) nº 00000000 1" pelo "TIME de ÁGUIAS" é expressão de um carinho muito especial e cativante o qual mantenho no meu coração.

Após muitos anos na GOL, continuo trabalhando com o mesmo entusiasmo, com a mesma paixão. Minha vida profissional foi marcada por muitas lutas e muitas superações, mas, acima de tudo, pelo amor ao que faço. Sou grata a todos que fizeram parte dessa jornada.

Ao escrever esse texto, revi momentos preciosos da minha vida e me emocionei com as lembranças. Assim como um voo, tive momentos de turbulências, mas sempre cheguei em segurança a destinos maravilhosos. Essa é a minha história, ou melhor, parte dela, a aviação e eu teremos muitos outros capítulos juntos.

Quero muito agradecer aos irmãos Constantino: Ricardo, Joaquim, Junior e Henrique, por todas as oportunidades que me deram, por confiarem no meu trabalho. Agradeço também a toda a família Constantino pelo respeito e afeto que recebo até hoje, a todos os meus gestores pelo apoio e amparo em momentos difíceis, a todos os meus colegas e gestores, das mais diversas áreas da Companhia, que dividiram e dividem comigo as lutas e as vitórias.

Preciso lembrar-me aqui das consultoras e consultores com os quais trabalhei que só faltaram usar o crachá laranja diante de tanta dedicação e esforços para que os projetos acontecessem e, claro, o meu agradecimento e gratidão a todos que integraram parte da minhas equipes das quais fiz e faço parte, pares que trabalharam e trabalham diretamente comigo formando este grupo incrível que foi se formando ao longo dos anos. Não foi e não é fácil, mas são tantas conquistas, tantos sonhos realizados e os desafios, os quais, às vezes, também foram interpelados pelo preconceito, machismo e incompreensões, serviram como provocação e estímulo para me levantar todos os dias e pensar: "Bora lá porque tem muito cliente para embarcar hoje".

Jamais poderia me esquecer dos meus pais, meus irmãos e sobrinhos (que são minhas preciosidades), meus cunhados, meus tios, primos, assim como aos amigos-irmãos que fiz nesta vida. Amigos que foram e são parte dessa rede de apoio. Obrigada por existirem em minha vida.

Para finalizar, posso dizer, sem dúvida, que o voo mais bonito da minha vida continua a ser na GOL, que decolou em setembro de 2000, quando eu atendi pela primeira vez como: *"GOL Transportes Aéreos, Nazaré, bom dia!"*

Voo 1 – 1º Destino – Check In – Congonhas

Priscila de Lorenzo A. Monjaraz

Nutricionista e também formada em Gastronomia, atualmente como gerente sênior de Desenvolvimento de Produtos e Serviços LAM, na LSG SkyChefs, possui 18 anos de experiência na Aviação, sendo a maior parte em Serviço de Bordo. Com passagens em empresas como TAM, Gol e Avianca, aprimorou sua jornada através de cursos extracurriculares como: FGV-PEC Intensivo de Administração de Empresas, APPCC (Sistema de Análise de Perigos e Pontos Críticos de Controle) pela SGS. Intercâmbio de um ano e seis meses em Dublin, Irlanda, tornando-se fluente em inglês, e três meses de vivência no México, cidade de Mazatlán, estado de Sinaloa.

LINKEDIN

Voo 1 – 1º Destino – Check In – Congonhas

Refletindo em como começar a escrever este capítulo da minha história na aviação, afinal a maioria das pessoas deste segmento inicia sua carreira e não consegue mais sair, será por paixão? O primeiro "voo", se eu contar que foi amor à primeira vista não é verdade, mas, assim como todos desse segmento, somos picados pelo bichinho da aviação e não mudamos mais de área.

Nasci em São Paulo, zonal sul, venho de uma família de classe média, caçula de dois irmãos, minha irmã Patrícia e meu irmão Neto, na verdade Pompilio Neto. Meus pais, Amelia e Pompilio, mudaram-se para a região em 1974, pouco depois de a minha irmã nascer. Minha infância e adolescência foram bem tradicionais, estudei em colégio particular, o mesmo a vida inteira, meus amigos até hoje são dessa época e tivemos altos e baixos financeiros, assim como grande parte das famílias da época, nada de muito especial para contar.

No início dos anos 2000, eu tinha 20 anos e ainda não havia ingressado na faculdade nem começado a trabalhar, essa fase de transição entre colégio e faculdade foi um pouco confusa para mim, até que em 2002 realmente coloquei os pés no chão, iniciei a faculdade de Gastronomia e realizei meu primeiro embarque como recepcionista de *check in* na então TAM Linhas Aéreas.

Nessa época grande parte dos vizinhos da minha idade trabalhavam na TAM, entre cargos operacionais e administrativos. A primeira entrevista que fiz não foi para *check in*, era para auxiliar de escala de voo, mas o coordenador que me entrevistou disse ao final do teste: *"você não tem o perfil desse setor, você tem o perfil de check in, vou te encaminhar para lá"*. Iniciar na aviação no atendimento de *check in* no Aeroporto de Congonhas foi a melhor escola profissional que poderia ter, era estar literalmente na operação mais estressante e com o público mais exigente do Brasil. Lá eu aprendi de tudo, inclusive cabelo e maquiagem, afinal tínhamos que estar impecáveis, o balcão da TAM era uma vitrine de meninas totalmente no mesmo padrão, um perfil quase que único da aviação da época; aprendi a lidar com o público, cada embarque, cada viagem tem uma razão diferente, uma infinidade de motivos que só quem trabalha na linha frente sabe o dia a dia de lidar com passageiros com perfis tão diferentes.

O trabalho era duro, folga uma vez por semana, trabalho aos sábados, domingos e feriados, nada ficava para amanhã, era tudo para agora, para já.

Tinha grande facilidade em lidar com a operação em si, fui me especializando em um trabalho bem peculiar, evitar *overbooking*, era rotina para mim ficar nas filas convencendo passageiros a irem em outros voos, oferecendo passagens e *vouchers*, acredito que era meu talento naquela posição.

Eu gostava bastante do trabalho, mas a rotina de finais de semana e a proximidade de ter que fazer estágio obrigatório da faculdade fez com que em 2003 eu deixasse o aeroporto para seguir em outro segmento. Certamente, muitas situações que eu vivi ali tiveram um impacto no que sou hoje, ter um olhar empático a todos esses profissionais de linha de frente é um deles.

Voo 2 – Desbravando novos horizontes

Quando eu falo novos horizontes, eu realmente quero dizer outros céus, outros embarques. Uma pequena pausa na minha trajetória profissional para fazer um parêntese muito importante em minha vida que foi meu intercâmbio na Irlanda.

Em meio ao término de um noivado e a ânsia de desbravar o mundo, em março de 2005 embarquei para Dublin. Escola paga por um ano e dinheiro para me sustentar por dois meses, ou seja, chegando lá tinha que me virar.

Uma das minhas melhores amigas estava morando lá há algum tempo e me ajudou muito nesse início, não só com hospedagem, mas com trabalho, ela estava mudando de emprego e eu fiquei no lugar dela na lanchonete em que ela trabalhava. Foi perfeito, cheguei em uma sexta-feira e comecei a trabalhar na segunda-feira.

Nesse lugar foi onde eu conheci meu marido, isso mesmo, fomos apresentados e já ficamos amigos, de amizade para namoro foram três meses e desde então não nos desgrudamos mais.

Ele é mexicano e nossa história passou pelo nosso casamento no México em 2006 e trazê-lo na "mala" para começarmos a vida aqui no Brasil.

Esse é um pequeno resumo, pois acredito que se fosse contar toda essa história daria certamente outro livro, mas pode ter certeza que o que aprendi nesse 1um ano e meio fora do Brasil é a base da minha atual posição hoje, aprimorar o inglês e conhecer novas culturas vale mais do que muitos cursos de especialização por aí.

Voo 3 – O retorno ao Brasil

Chegando ao Brasil ficamos na casa dos meus pais até as coisas se acertarem, buscar apartamento, trabalho e começar a vida do zero.

Em pouco tempo comecei a trabalhar como analista comercial em uma empresa de locação de celular, porém, mesmo empregada, continuei procurando uma oportunidade melhor, até que um amigo que trabalhava na GOL me avisou que havia vagas em serviço de bordo e perguntou se eu tinha interesse, topei na hora, e depois de algumas entrevistas lá estava eu, de volta à aviação. Desta vez não estava na linha de frente, meu cargo era técnica de Serviço de Bordo I, trabalhar diretamente na administração e operacionalização de Serviço de Bordo. Na época a GOL tinha acabado de "comprar" a Varig, entrei para a operação Varig, que em breve se juntaria e virariam uma empresa só. O ambiente era difícil, pois muitas pessoas, antigas Varig, sabiam que em breve o quadro iria se enxugar, acredito que nesse início o maior aprendizado foi saber me destacar em um ambiente corporativo bem competitivo.

Eu nunca tinha entrado em um *catering* (empresa que faz as refeições das empresas aéreas), fiquei maravilhada, tanta organização, não imaginava o tamanho dessas empresas. Fui me aprofundando cada vez mais na operação e identificando melhoria de processos, acabei naturalmente indo para essa área, em poucos meses eu era responsável por escrever todos os procedimentos, instruções e manuais de serviço de bordo. Essa estruturação foi muito importante, pois em breve passaríamos pela auditoria Iosa (Iata Operational Safety Audit), a mais importante certificação para uma cia área, tudo precisava estar padronizado e documentado.

Logo tive a primeira promoção, para técnica de Serviço de Bordo II, neste período me aproximei muito da gerente de MKT de serviço de bordo, Eliane Neves, a Lili, ela era uma inspiração para nós, como líder e como pessoa, aprendi muito com ela, desde montagem de voo, literalmente, até a maneira como ela lidava com os prestadores de serviço, como ela liderava todos nós.

Nesse mesmo período uma amiga que trabalhava conosco tinha deixado a GOL para assumir a supervisão de Serviço de Bordo da OceanAir, exatamente na mesma semana surgiram 2duas propostas: a Lili havia me convidado para ir para uma vaga de analista de MKT de serviço de bordo e a Marcia me chamou para ir para a OceanAir como analista de serviço de bordo. Fiquei muito em dúvida, até que, quando conversei com a Lili, ela com toda sua experiência e maturidade, falou: *"Vai, lá você terá mais oportunidade para crescer"*. E foi o que fiz, desembarquei da GOL em dezembro 2008, já estava mais madura, tinha entendido um pouco de como funcionava o mundo corporativo e fui rumo ao meu próximo voo.

Voo 4 – O voo mais longo e desafiador

Embarquei na OceanAir em janeiro de 2009, na equipe de serviço de bordo éramos eu, a Marcia e a Beth. Fiquei lá por dez anos e posso afirmar que os dois primeiros foram os melhores, ao trabalhar em empresa pequena você tem a oportunidade de fazer de tudo um pouco, fazia desde auditoria de *catering*, procedimentos e manuais, até os pequenos eventos da empresa, foi uma época maravilhosa da minha vida, aprendi muito.

Ao final desses dois anos, novembro de 2010, foi quando engravidei, depois de cinco anos casada, em julho de 2011 tive a Gabi, minha filha maravilhosa que certamente mudou minha vida. A partir de agora tudo que eu contar vai ter um pouquinho da Gabi, como se dividir entre a maternidade e a carreira profissional, esse é o desafio das mulheres e acredito que sempre será; conseguimos? Claro que sim, é fácil? Não, mas acho que a força da mulher é única e simplesmente vamos em frente. Posso dizer que sou privilegiada, tive uma rede de apoio maravilhosa, mãe, irmãos e marido que sempre fizeram tudo para que esse retorno ao trabalho fosse da melhor maneira possível.

Dito isso, retorno ao trabalho em janeiro 2012, tudo já estava diferente e a Marcia, que já era coordenadora, não estava mais feliz no trabalho, nossa chefia havia mudado e foi uma época difícil para ela. Durante todo esse ano foi uma readaptação à empresa e à rotina, até que depois de quase um ano ela infelizmente foi desligada da empresa e eu assumi a Coordenação da área.

Meu primeiro cargo de liderança, aprender gestão de pessoas, reportar diretamente para um diretor foi um desafio. Mesmo com a maternidade ali se iniciando eu busquei me aprimorar e logo fui estudar mais sobre gestão, fiz um curso intensivo de

Administração na FGV que expandiu meus conhecimentos em áreas que eu pouco conhecia, como gestão financeira e contabilidade.

Com o passar dos anos muitas mudanças ocorreram na empresa, troca de diretores por duas ocasiões, mudança da marca de OceanAir para Avianca e o crescimento intenso do serviço de bordo. Posso dizer convictamente que foi uma época em que tínhamos o melhor serviço de bordo doméstico do país, passamos a realmente incomodar nossos grandes concorrentes.

O crescimento não parou e avançamos rumo aos voos internacionais, novas aeronaves e a experiência de implementar um voo completo do zero em seis meses foi um dos maiores desafios profissionais que já tive.

Tive a oportunidade de conhecer e me aprofundar num novo modo de servir, de proporcionar uma experiência para o cliente que realmente era fascinante. Nessa época formamos uma ótima equipe, uma nova gerente de serviço de bordo chegou na empresa, formamos uma grande dupla, buscando sempre excelência em serviço com toda a equipe.

Voo 5 – Turbulência e aterrissagem

Infelizmente esse voo mais longo começou a sofrer grandes turbulências, a empresa entrou em grande declínio e imaginávamos que o final estava perto.

Estar em uma empresa que abre processo de falência é bem angustiante. Foi uma fase muito difícil como gestora, pois tive que cumprir o cronograma de demissões, pessoas que estavam comigo há muitos anos, ter que desligá-las mesmo sabendo que nem elas nem eu iríamos receber nossos direitos foi muito complicado. Amadureci muito nesse período, enxergar o outro num momento tão delicado o faz repensar muitas coisas.

Em junho de 2019 eu me desliguei da empresa, com dois salários atrasados e toda minha rescisão de dez anos de trabalho virando um processo judicial.

Foram três meses de luto mesmo, até eu processar tudo

aquilo e conseguir começar a me reerguer. Refazer currículo, contactar pessoas, buscar recolocação, não foi fácil, peguei a experiência e resiliência que toda essa trajetória me deu para lutar contra o desânimo do desemprego e buscar outro voo.

Voo 6 – A aviação de outro ângulo

Em fevereiro de 2020 inicio minha nova jornada como coordenadora de Catering do Aeroporto Catarina, em São Roque, dizer sim para esta oportunidade foi realmente um grande passo para mim, pois a distância era enorme e o desafio de implementar o Fasano Catering neste aeroporto era o que eu precisava para me reconectar com o que mais gostava, aviação!

Esse aeroporto faz parte do grupo JHSF assim como o Fasano, a ideia era construir um catering do zero com toda a qualidade e requinte que o nome Fasano traz para aviação executiva.

Aos poucos o serviço foi tomando forma, foi um novo mundo mesmo, tive a oportunidade de trabalhar com mulheres incríveis que me ensinaram muito sobre o segmento, entre elas a Ana Laura, que faz parte desse projeto também, sempre falávamos que o Fasano Catering era nosso bebê. A Patrícia, gerente de A&B do Hotel Fasano em São Paulo, e todas as comissárias me mostraram o que é um serviço de luxo com uma dedicação e amor pela profissão que eu nunca vi.

Vale ressaltar que logo começou a pandemia e veio a insegurança sobre se o projeto iria parar, mas não, a aviação executiva não para, cada vez mais criando produtos novos, crescimento no número de clientes e foi quando percebi que não daria conta sozinha, afinal eu fazia desde controle de estoque, orçamento até embrulhar lanches e atendimento, inclusive de madrugada, muitas madrugadas de idas e vindas até São Roque. Então chamei a Jocilene para voltar a trabalhar comigo, já tínhamos trabalhado na GOL e na Avianca e sabia que ela era a pessoa certa para estar na minha equipe.

Depois de um ano fui entendendo meu limite, se conhecer e buscar um trabalho que realmente o faça feliz vem com a maturidade, naquela época muito amigos estavam trabalhando na recém-criada Cia Área Itapemirim e eu queria fazer parte também. Sabia do risco, pois era de conhecimento de todos do meio que a empresa começava com orçamento baixo e grandes desafios, mas arrisquei e fui.

Em outubro de 2021 troquei o Aeroporto Catarina para voltar para a aviação comercial, talvez tenha sido o passo mais incerto e quando fazemos uma escolha acredito que colocamos as expectativas para dar certo e não foi o que aconteceu, foram somente dois meses de trabalho e logo a empresa já estava literalmente no buraco.

Não tive o mesmo sentimento da Avianca, mas a frustração chegou e buscar me reerguer não foi fácil, eu sabia o caminho, mas dessa vez todo esse processo veio com uma grande carga de responsabilidade pela escolha que eu tinha feito, porém posso dizer que a força feminina nessas horas fala mais alto, não deixei me abater e fui em frente.

Busquei aquietar meu coração com a minha fé, comecei a academia e trilhei minha nova estratégia de recolocação, listei as empresas onde eu gostaria de trabalhar, com as que eu me identificava e fui correr atrás do prejuízo.

Voo 7 – O desembarque nos bastidores

Até eu chegar aonde estou hoje foram muitas incertezas, passei por diversos processos seletivos, de alguns eu desisti porque não fazia sentido, em outros eu passei e aceitei, mas a vaga foi congelada, até que em junho de 2022 eu recebo de duas grandes amigas da aviação o descritivo de uma vaga de gerente sênior de Desenvolvimento de Produto na LSG Sky Chefs, uma grande empresa de *catering* da qual eu fui cliente durante muitos anos.

Na hora que vi a vaga sabia que era um grande desafio, mas que eu era capaz de assumir. Neste mesmo momento eu estava no processo seletivo de outra empresa e lembro que depois de ter feito entrevista nos dois lugares no mesmo dia entrei no chuveiro e pedi muito para Deus para abrir essa porta na LSG e foi o que ele fez e eu não poderia estar mais feliz.

Pela primeira vez eu estaria nos bastidores da aviação, podendo levar todo meu conhecimento de cliente para essa empresa que foi minha parceira por tantos anos.

Essa semana em que estou escrevendo esta parte final do capítulo eu completo um ano de empresa, não consigo colocar em palavras o tanto que aprendi durante esse período. Ter a oportunidade de estar num novo cargo, com uma responsabilidade gigante, fazer parte de projetos globais e me inserir em uma cultura corporativa totalmente nova não é fácil, mas não é para ser, senão qual a graça?!

Encerro por aqui na expectativa de dar força às mulheres que vivem tanto altos e baixos assim como foi minha trajetória até aqui, se eu consegui vocês também conseguem. Tem uma frase que eu gosto muito que faz todo sentido eu terminar com ela:

"Quando tudo estiver parecendo ir contra você, lembre-se que o avião decola contra o vento, e não a favor dele".
Henry Ford

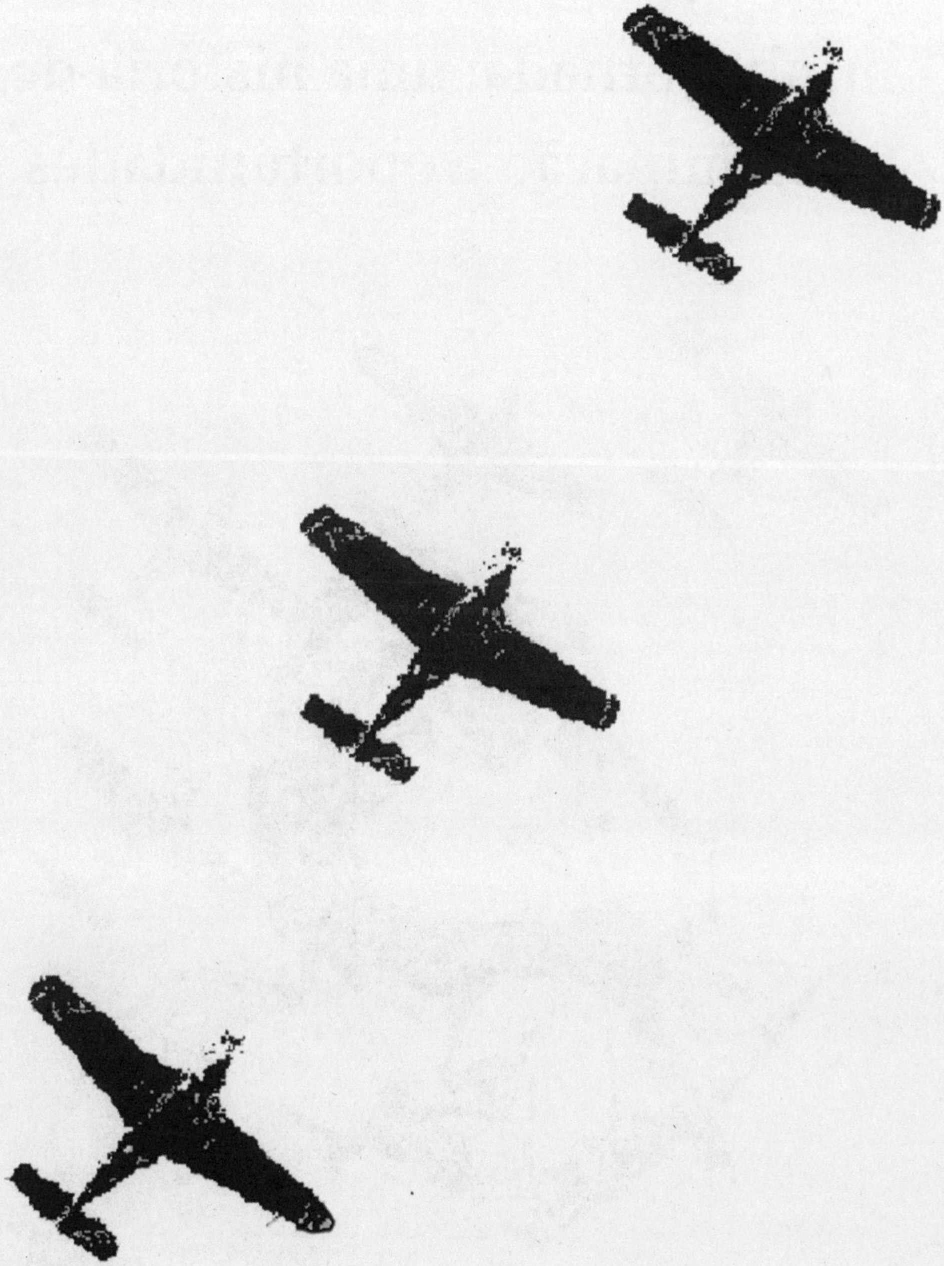

Cada tijolinho na construção da minha jornada: uma história de determinação e oportunidades

Raquel Sacramento

É atualmente diretora de Certificações e de Marketing da UpStar Aviation. Em sua carreira profissional, teve passagens pela TAM Aviação Executiva, Gulfstream Aerospace, Líder Aviação, Morro Vermelho Táxi Aéreo, EMBRAER e Aeroálcool, tanto na área técnica quanto comercial. Sua formação técnica iniciou-se no SENAI Suíço-Brasileiro como técnica em Mecânica de Precisão, seguida de Engenharia Aeronáutica na EESC-USP. Nas áreas administrativas, possui MBA em Gestão Empresarial pela FGV e em Marketing Executivo pela ESPM, além de ter sido selecionada para o treinamento de liderança da Gulfstream University, o Management Development Plan. Fora do expediente, adora fazer piqueniques com sua família, viajar, descobrir novas comidinhas e ler um bom livro.

LINKEDIN

A minha história não é de pioneirismo, grandes conquistas nem grandes descobertas. A minha história é sobre cada tijolinho que fabriquei para construir a minha própria jornada.

Quando eu era pequena, era fissurada em televisão. Achava mágico ver aquelas pessoas aparecerem na tela, sem saber como elas iam parar lá. Também era viciada em filmes da Disney, basicamente a única forma de desenho animado que era possível se obter fora da programação da TV (sim, alugando em uma locadora). E ficava inconformada quando o meu videocassete quebrava. Logo estava eu pegando uma chave Philips e abrindo-o para ver o que podia estar errado (como se eu pudesse identificar...).

Como meus pais trabalhavam o dia inteiro fora de casa, acabaram fazendo a assinatura de alguma TV a cabo que existia na época. E esse, para mim, foi um marco importante no que iria definir a minha carreira. Explico: em busca dos canais de desenho animado eu me deparei com o Discovery Channel. Não deu outra: entre o videocassete e o Discovery Channel, eu quis ser engenheira.

É claro que a educação que eu recebi me ajudou a chegar lá. Fui bolsista durante toda a minha educação escolar no colégio Augusto Laranja, onde minha mãe era professora. Minha família nunca poderia ter arcado com os custos de uma educação de tão alto nível. Na época em que estava prestes a entrar na primeira série, minha família estava totalmente quebrada, assim como tantas na década de 80. Eu já estava matriculada em uma escola estadual de meu bairro, quando minha mãe viu um anúncio no jornal de uma vaga para professora de Geometria. Chorou alto quando, além de aprovada, ganhou uma bolsa de estudos para mim e para meu irmão.

Só que apenas "estar" em uma escola de bom nível não faz com que ninguém se dê bem na vida, não é mesmo? Eu aproveitei todas as oportunidades que essa escola me trouxe: os esportes, o teatro, o coral, os saraus literários e sem sombra de dúvida as olimpíadas de Matemática. As aulas de Inglês, Português e redação, todas ministradas com mestria, me deram uma base importantíssima para a minha habilidade em comunicação, a que atribuo grande parte das minhas conquistas. Voltaremos a isto mais adiante.

Entretanto, a escola apenas não me era suficiente. O exemplo que temos em casa sempre nos exerce grande influência, e comigo não poderia ser diferente. Com pai e dois irmãos engenheiros, quando ainda estava no colegial, me matriculei no Curso Técnico de Mecânica de Precisão no SENAI Suíço-Brasileiro. Enquanto meus amigos estavam dando rolês depois da escola, eu estava a caminho do curso noturno. Valeu a pena: me rendeu meu primeiro estágio profissional, no laboratório de pesquisas químicas do IPT da USP, durante as férias de julho, obtido através de um professor do SENAI – essa foi também a minha primeira experiência de *networking*.

E logo chegou a hora do grande e temido marco da vida escolar: o vestibular! Veio acompanhado do meu primeiro (e o único) enfrentamento familiar, já que meus pais não queriam que eu estudasse longe de casa. O curso que eu queria, de Engenharia Aeronáutica, não estava disponível em nenhuma faculdade em São Paulo. Quando eu finalmente venci esta batalha, meus pais exigiram dedicação total no caminho que eu havia escolhido. Justo.

Como minha família não tinha recursos para pagar um cursinho pré-vestibular, e tampouco eu teria tempo de cursá-lo entre a escola e o SENAI, tive que me virar sozinha e usar as poucas horas que tinha nas tardes da semana e todo o meu fim de semana para me preparar. Era muito frustrante ficar em casa aos sábados e domingos resolvendo exercícios de provas passadas, enquanto meus amigos iam ao cinema, se encontravam e viajavam. Mas sem aquele esforço eu não conseguiria trilhar o caminho que havia escolhido. E num piscar de olhos estava com meu pai, a caminho de São Carlos, para me matricular na segunda turma de Engenharia Aeronáutica da USP. O primeiro tijolinho é o do: correr atrás.

Que lugar mais maravilhoso! Um *campus* pequeno em área, denso em conhecimento. Todas as engenharias e ciências exatas reunidas em volta daquela praça, daquele centro acadêmico e daquele centro de esportes, que me trazem as melhores memórias possíveis.

Naquela época, ainda causava estranheza quando viam estudantes mulheres naquele *campus*, de ciências tradicionalmente masculinas. Estranheza não, preconceito. Éramos, antes de mais nada, tratadas com um cuidado especial, apesar de que queríamos ser tratadas da mesma maneira. Excesso de zelo, acredito, de uma comunidade estudantil pequena.

O impacto era muito maior quando falávamos nosso curso para alguém de fora da universidade – "Engenheira Aeronáutica? Mas você vai ser aeromoça então?". Não consigo nem descrever todos os pensamentos que essa frase, ouvida repetidas vezes, me causava. "Será que eu corrijo o termo aeromoça?." "Será que eu pergunto qual a relação entre engenheiros e tripulantes?" Melhor deixar para lá.

Fato é que, talvez por ser um curso novo, tínhamos professores engajados da melhor maneira que podiam em fazer com que nos destacássemos. Aqui é a parte do meu relato em que eu gostaria de dizer que fui a melhor aluna de minha turma, quiçá que a universidade já viu. Ou então que desenvolvi um trabalho de iniciação científica digno de um pós-doutorado.

Longe disso: fui uma aluna medíocre do ponto de vista de assiduidade em aulas e mediana em termos de notas em provas. Eu queria mesmo é saber das festas, que eram ótimas e quase que diárias. Talvez um rescaldo do que eu não vivi durante o ensino médio. Aqui, um tijolinho que eu não fabriquei: empenhar-me em tudo – do contrário, é só perda de tempo. Porém, se eu não me desenvolvi do ponto de vista científico, aprendi a criar uma boa rede de relacionamentos.

Bem no início do curso, convidaram os alunos de Engenharia Aeronáutica para participar de um evento aéreo em uma cidade próxima, o BROA Fly-in. E lá fui eu, sem nem saber direito o que era um evento aéreo. Ajudei a direcionar, e até empurrar, os aviões que chegavam para esse encontro. Voltava no fim do dia exausta, coberta de terra vermelha, e feliz ao extremo de poder ver aeronaves de perto. O segundo tijolinho: se você não sabe nada, precisa começar por algum lugar – nenhum trabalho é indigno. Mal sabia que anos depois as pessoas que conheci nesse evento iriam me render um emprego.

Durante o evento, eu e meu amigo Marco Aurélio Roncato de Moura, o "Goiano", espiamos dentro dos hangares e vimos que estavam restaurando algumas aeronaves antigas. Vestimos a cara de pau e fomos pedir para participar dessa empreitada. Fizemos uma série de visitas para aprender um pouco sobre as técnicas de entelamento e sobre como recuperar aeronaves antigas ao seu projeto original. Tijolinho número três: não ter receio de pedir uma chance! Não durou muito, visto que o deslocamento era longo, e nós tínhamos uma grade de aulas integral.

Nessas idas e vindas, o Goiano teve a ideia de criarmos a Semana de Engenharia Aeronáutica. Eu, que nem sabia o que era isso, logo topei. E nós dois, com a cara e a coragem, demos início a um projeto que nem imaginávamos que seria tão relevante. Na primeira edição nós contamos com muita ajuda dos professores e dos funcionários da USP, que nos ajudaram a descobrir como preparar um evento. (O quarto tijolinho? Se virar!). Foi também através deles que nos conectamos com ex-alunos, convidando-os a vir palestrar sobre suas áreas de conhecimento profissional.

Nosso objetivo era aproximar as empresas de nossa faculdade, divulgando para o mercado de trabalho o curso, que havia sido recém-criado, e quem sabe com isso facilitar a contratação dos alunos quando estivessem em fase de procurar estágio. Mandamos bem – o evento foi um sucesso. Conseguimos alguns patrocínios, algumas parcerias e permutas. O resultado foi tão bom que para a segunda edição conseguimos patrocínios expressivos de empresas do setor.

Também foi na segunda edição que nós percebemos que a liderança desse evento tão legal precisava ser passada para as próximas turmas. Quando tomamos essa decisão, nós não tínhamos como mensurar sua relevância. Hoje, vendo o evento chegar à sua 20ª edição, sendo um extracurricular oficial da USP, tendo se mantido atualizado e contemporâneo, nós vemos quão importante foi disseminar esse legado. Talvez uma das primeiras lições de liderança que eu aprendi, mesmo que dessa maneira empírica (tijolinho número cinco: deixar legados, mesmo que não seja sob seu comando).

Quando nós deixamos a liderança do evento, nos juntamos ao nosso amigo Lúcio Alves, que também tinha uma inclinação ao ramo de manutenção de aeronaves, e criamos o GMA – Grupo de Manutenção de Aeronaves. Na época, não tínhamos muitas matérias práticas desse assunto. Para nossa sorte, veio fazer parte do corpo docente o engenheiro James Waterhouse – que também me ofereceu meu primeiro estágio na aviação, na sua empresa Aeroálcool.

Anos depois, esse estágio me fez refletir sobre o que realmente significa "oportunidade". Em geral as pessoas falam de oportunidade apenas quando é algo grandioso, único e espetacular, que tenha sido tudo do bom e do melhor, tão somente para quem recebeu a oferta. Não foi exatamente o caso dessa minha passagem, não pela empresa em si, que era maravilhosa, mas pelo perrengue que eu tinha que passar para conseguir fazer o estágio.

Primeiro – era inicialmente um estágio não remunerado. Nada mais justo para alguém que não tinha todos os dias da semana disponíveis para estagiar – eu ia quando podia. E quando era isso? Fins de semana, feriados e férias. Além disso, era em Franca – bem longe de São Carlos, onde eu estudava, ou de São Paulo, onde minha família morava. Meu sexto tijolinho: não deixar oportunidades passarem por não serem 100% ideais. Até hoje sou muito grata ao professor James Waterhouse e seu sócio, Omar Pugliesi, por me darem uma oportunidade – de vida real.

No ano seguinte, consegui um estágio mais "perto" – na Embraer, em Gavião Peixoto – que grande melhora acordar às 4h30 para pegar o fretado às 5h30, não é mesmo? Eu costumo dizer que o departamento era o *Top Gun* dos Engenheiros Aeronáuticos – Departamento de Desenvolvimento dos Ensaios em Voo. Chique. E eu consegui essa vaga não por ser a melhor aluna da sala, mas por ter sido sincera na entrevista (fica a dica – este é o tijolinho número sete).

Apesar de ser o estágio dos sonhos de muitos engenheiros e aviadores, depois de alguns meses eu não me sentia satisfeita com essa possibilidade de carreira. E passei semanas morrendo de medo de contar para os meus pais que queria pedir demissão, pensando que eles iam me chamar de louca. Ledo engano – me apoiaram em buscar o que realmente eu achava que seria bom para mim.

Ativei o caderninho de telefones e contatei todos os profissionais que conheci durante as Semanas de Engenharia Aeronáutica. Muitos me chamaram para entrevista, alguns me ofereceram estágio, e dentre estas oportunidades, a que eu mais queria: Julio Banov, então diretor de Serviços Aéreos da TAM Aviação Executiva, me chamou para estagiar na área de controle técnico de manutenção da frota. Bingo! Essa era a área que eu sempre quis – manutenção de aeronaves executivas (para incredulidade do meu antigo chefe da Embraer, Jens Wentz, por quem tenho todo apreço do mundo).

E assim iniciei a minha carreira na aviação executiva. Estagiei na área de Qualidade, fui efetivada como Engenheira Aeronáutica, e dali alcei voo para meu primeiro emprego como Responsável Técnica – na Morro Vermelho Táxi Aéreo. Emprego que consegui através da indicação de um piloto que conheci lá no primeiro Broa Fly-in – lembra?

Descobri como é estar à frente de um departamento – com o ônus e o bônus que vem com essa hierarquia. E também sobre o que é trabalhar em uma empresa pequena (em número de funcionários) – você tem que fazer um pouco de tudo. Ótimo para um aprendizado rápido.

Alguns anos depois, com um pouco mais de experiência, fui convidada pela Líder Aviação a trabalhar como responsável técnica da sua base em São Paulo. Uma empresa superestruturada, enorme (muitos milhares de funcionários) e multibase. Me ensinaram diversas lições de gestão, enquanto cursava meu primeiro MBA – em Gestão Empresarial na FGV. Foi ali que também pude fazer a transição da minha carreira, e passei a ser parte do time de Vendas de Serviços.

Sem perceber, eu estava pegando aqueles pequenos tijolinhos de conhecimento e experiência e criando com solidez as bases para meus próximos passos. Com meu histórico na área técnica, minha habilidade com línguas estrangeiras, uma formação em Gestão Empresarial, e por estar na área comercial, criei uma combinação que seria chamariz para minha ida à Gulfstream Aerospace, para ser gerente de Vendas de Serviços de

Manutenção para os clientes da América Central e do Sul. O tão sonhado emprego em uma multinacional.

Trabalhar em uma grande corporação, com os recursos mais avançados em termos de tecnologia e gestão, viajando para me encontrar com clientes de diversas culturas, e participando de reuniões com colegas de todo o mundo, fez com que eu tivesse um salto profissional muito grande. Com bons resultados, fui selecionada para o programa de desenvolvimento de liderança da empresa – o Management Development Plan. Recebi os treinamentos mais modernos em termos de gestão, além de ter acesso à liderança da empresa – uma oportunidade daquelas que, sim, são dos sonhos.

Só que como a vida não é apenas trabalho, e tendo escolhido um companheiro de vida que era piloto, entre os voos dele e as minhas viagens, estávamos praticamente em um namoro de celebridades. Como a natureza do trabalho dele não podia mudar (em sendo piloto, voar era preciso), decidi que iria buscar algum emprego que me permitisse ficar mais em casa. Nada daquela bobagem de "eu tive que ceder a minha carreira pela sua". Foi uma decisão possível, sensata e a dois – como um bom relacionamento deve permitir.

E foi novamente na TAM Aviação Executiva que encontrei a resposta (oitavo tijolinho: sempre deixar as portas abertas ao sair de uma empresa). Leonardo Fiuza, que quando eu saí a primeira vez era diretor de Vendas, nesse segundo momento era presidente da empresa – e me chamou para ser gerente comercial da área de manutenção de aeronaves.

Não vou negar – não foi fácil. Havia muito trabalho a fazer, uma baita pressão por resultados, tudo isso acompanhado de um MBA em Marketing na ESPM. E veio a cereja do bolo: a pandemia de covid-19. Sem comentários. Nessa fase, que foi uma bola de demolição para muitas carreiras e empresas, eu consegui aguentar firme. Um *burnout* aqui, um choro ali, mas um enorme senso de responsabilidade me manteve na trilha – por todas as famílias que dependiam da empresa rodando. Vencemos sem nenhuma demissão, e eu finalizei o MBA. Veja bem, não fiz tudo isso sem ajuda: além de uma equipe que estava ali, junto, para fazer acontecer, contei com o apoio inesgotável de meu esposo, Gustavo Ricci, e com o suporte inestimável de Ricardo Martins, meu terapeuta, que me mostraram que não deve haver receio nem preconceito em pedir ajuda. Nono tijolinho: pedir ajuda sempre que precisar.

Passada a pandemia, senti que era a hora de aumentar a família. Tive todo apoio da empresa para ter uma gestação mais tranquila, e continuei construindo minha jornada. Por escolha minha, não parei de trabalhar – consegui criar uma estrutura que me permitisse cuidar de meu filho e trabalhar ao mesmo tempo. Topei o desafio de trabalhar em um novo projeto, junto com meu companheiro de vida, e lançar uma nova empresa no mercado: a UpStar Aviation. Até um livro eu me propus a escrever no meio de tudo isso, a convite de minha veterana, a engenheira Ana Laura Rebello! O décimo tijolinho: se desafiar.

Não creio que este ponto seja o fim dessa história, e sim parte dessa construção, que venho fazendo dia após dia, decisão após decisão, tijolinho após tijolinho. Onde (ou quando) será que eu vou parar? Não sei, mas espero encontrar você em um desses caminhos.

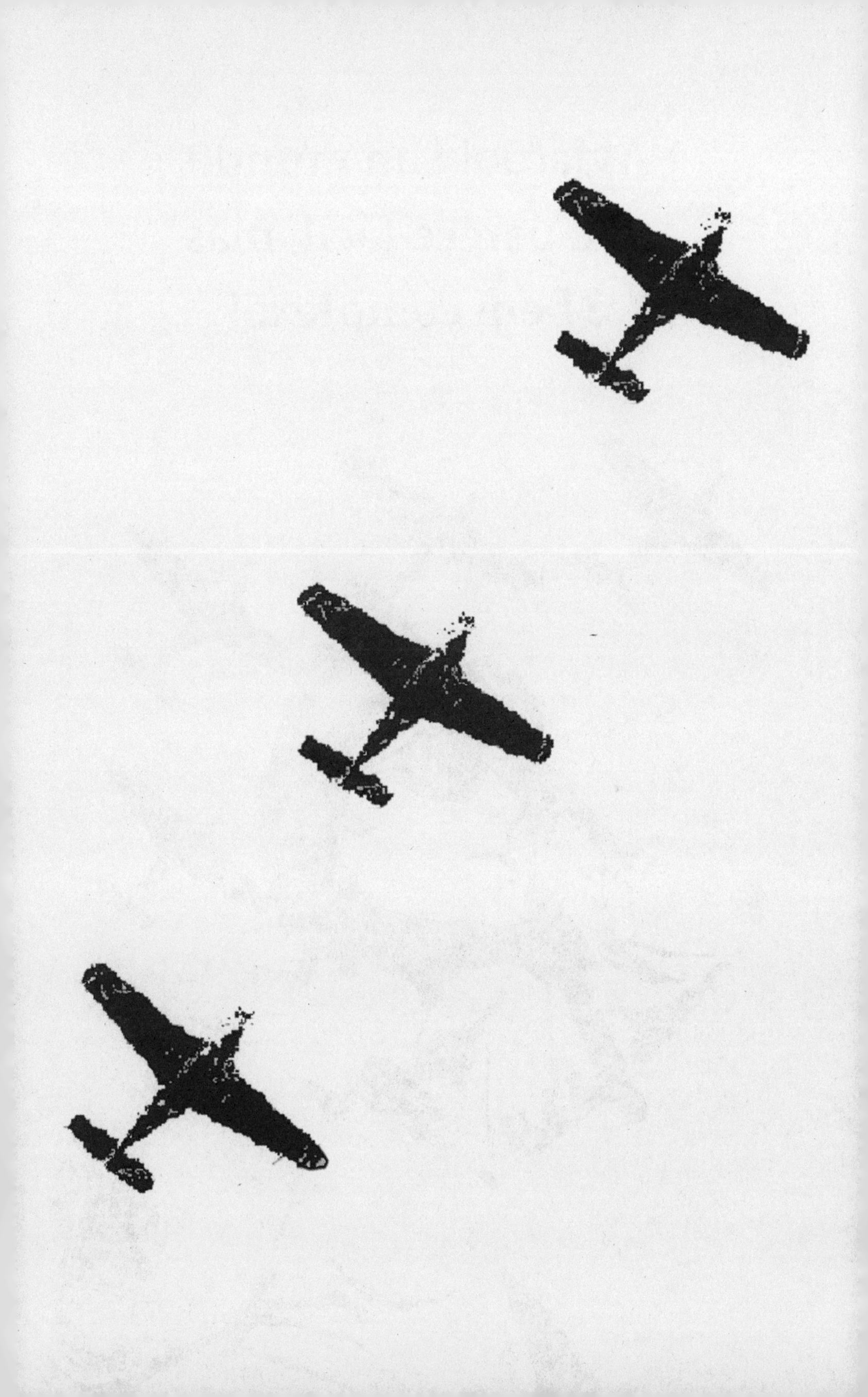

Aviação! Um mundo que parece fácil, mas é bem complexo!

Rebecca Ann Meadows

Empreendedora, empresária, viúva e mãe de Daniel (21 anos) e David (16 anos). Pós-graduada pela Embry-Riddle Aeronautical University em Aviation Management e com mais de 30 anos de experiência na aviação e turismo nos mercados brasileiro e internacional, atualmente à frente do GSA AirlinePros Brasil, como sócia e diretora regional de marketing e vendas, representando companhias aéreas e destinos e sempre aberta para novas parcerias.

LINKEDIN

Eu amo a aviação comercial e não me vejo hoje em outra aérea de trabalho, mas deixa eu lhe contar como cheguei aqui e quem sabe você vai se apaixonar também!

A minha história

Meu nome é Rebecca Meadows, filha de norte-americanos que vieram ao Brasil no final dos anos 70 como missionários sem falar o idioma e sem conhecimento da cultura.

Meus pais, David e Sara, vieram com minha irmã Mary com nove meses e moraram um tempo no Rio de Janeiro, onde nasceu meu irmão, David Junior. Já eu e minha irmã mais nova, Miriam, nascemos em São Paulo.

Posso dizer que somos uma família que teve experiências culturais diferentes desde a nossa infância, principalmente com todos os parentes vivendo em outro país e só nos víamos a cada dois anos.

Lembro de voar de Congonhas para o Galeão para pegar os voos internacionais, porque ainda não existia o aeroporto de Guarulhos. Sim, faz tempo que viajo de avião, muito tempo!

Quando voltávamos, era uma nova adaptação, principalmente com os idiomas, porque ficávamos quase quatro meses falando apenas inglês e voltamos para nossa vida normal apenas com o português. Alguns de nós tínhamos a dificuldade com os idiomas quando pequenos, mas fomos melhorando com o tempo.

Como crescemos falando frequentemente inglês, tínhamos uma certa vantagem em relação a outras pessoas para conseguir empregos, mas, lógico, o fato de viajar era importante para todos nós, já estava no nosso DNA.

Introdução ao mundo da aviação

Minha irmã, Mary, começou a trabalhar na Varig no aeroporto de Guarulhos e foi onde meu irmão conheceu sua atual esposa. Dizemos que ele foi o mais esperto da família, não trabalha na área, mas se casou com alguém da área da aviação e tem todos os benefícios.

Sendo assim, fui procurar meu primeiro emprego, aos 18 anos, e já tinha uma referência da vida da aviação sabendo que o fato de falar inglês fluentemente ajudaria neste primeiro emprego.

Pois bem, foi o que aconteceu e logo já estava trabalhando na Varig como agente de atendimento na loja da Av. Paulista e fazendo plantões na famosa unidade na Rua da Consolação.

Existe uma frase muito conhecida na área da aviação e turismo:

> *"Cuidado para não ser mordido pelo bichinho do turismo, senão você nunca mais sai da área!".*

Muita verdade nesta frase – ou você ama ou você odeia e, se cair de amores, não consegue mudar de área.

Conhecendo o mundo da aviação

Entrar na Varig tinha muitos requisitos e, entre eles, eram

algumas semanas de curso sobre reservas, rotas, cálculos de tarifas e tudo manualmente.

Os mais antigos vão lembrar do OAG (Official Aviation Guide of the Airways), livros pesados, conhecidos como o ABC da aviação com mapas, rotas, voos das companhias aéreas, dicas de viagem etc., tudo que se precisa saber sobre as viagens aéreas.

Esse era um dos "livrões" que eram utilizados para conseguir montar uma viagem para os passageiros e tudo de forma bem manual!

Naquela época, as tarifas ainda eram regulamentadas pelo governo, com isso toda sexta-feira havia aumento, então imagine como ficavam as lojas!

A da Paulista ficava lotada de clientes querendo aproveitar para comprar suas passagens antes do aumento e nossas sextas eram dias bem longos.

Fora o crediário que foi criado na época para parcelar as compras... Como era um processo burocrático, muita papelada para uma passagem aérea!

A Varig tinha também alguns produtos únicos, como o Brazil AirPass e a rede de hotéis Tropical, para estrangeiros conhecerem o Brasil com tarifas mais em conta. Estes produtos comissionavam os colaboradores da Varig, então tentávamos fechar o maior número de vendas possível. Eu fiz um bom dinheirinho com as vendas!

Já ouviu falar da Smiles? Com certeza já...

Eu lembro quando foi criado o programa de milhagem Smiles pela Varig. O cadastro era manual e os *vouchers* de milhas eram impressos em papel. Imaginem o passageiro vindo à loja com um calhamaço de *vouchers* para comprar a passagem!

Falando das passagens aéreas, ainda eram geradas em impressoras contínuas com carbono vermelho e, quando a impressora quebrava, tínhamos que emitir as passagens na mão.

Sou canhota, então normalmente ia para a faculdade com o braço ou camisa branca tingido de vermelho. Por que as camisas do uniforme tinham que ser brancas?

Fora os calos nos dedos, porque tinha que escrever com força para sair em todos os cupons da passagem e lógico que o carbono era megarruim.

Para quem não sabe, a passagem aérea tinha sete cupons, uma verde que era separado com o pagamento para o departamento financeiro, outro rosa que ficava na loja para auditorias, outros quatro cupons com informações dos voos do passageiro e a última branca, que era a cópia do passageiro. Claro que a última era quase sempre ilegível, mas não contava para os clientes!

E se a rota da viagem tinha mais de quatro voos, tínhamos que emitir duas passagens conjugadas e incluir uma "costeleta" para poder colocar todos os detalhes da quebra da tarifa. Era um trabalho enorme para emitir as passagens de forma manual.

A remarcação dos voos era feita com "tickets" colados em cima do cupom e carimbados com o datador. Você não imagina o quanto ficávamos bravos quando o nosso colega não mudava o datador para a dia atual e o batíamos com a data errada!

A aviação no começo era muito manual, porém uma época em que aprendíamos muito, era divertido e compartilhávamos muitas experiências.

Novas companhias aéreas no Brasil

Uma vez que a aviação deixou de ser regulamentada pelo governo, outras companhias aéreas tiveram mais oportunidades de voar para o Brasil, de forma um pouco restrita, de acordo com as liberdades aéreas.

Com a entrada de outras companhias aéreas, fui tentar a vaga na American Airlines e, no mesmo dia, já estava a caminho de Dallas para o curso. Se eu achava o curso da Varig difícil, AA era pior. Para começar, nos primeiros dias era decorar mais de 300 códigos de cidades (exemplo: MIA quer dizer Miami) e o primeiro teste era acertar 80 de 100 códigos, senão voltava naquela mesma noite para o Brasil desempregado. Foram semanas intensas numa nova empresa, nova cultura.

Ao voltar do curso, comecei atendendo às agências de viagens que ainda não tinham o sistema para emitir as passagens, então tudo era emitido pela companhia aérea. Eram dezenas de *invoices* para emissão no mesmo dia porque o câmbio mudava absurdamente de um dia para o outro e tudo tinha que ser emitido no mesmo dia.

Em poucos meses já estava ajudando outras lojas e logo me convidaram para cuidar de uma loja sozinha, a da American Airlines no antigo hotel Sheraton Mofarrej (hoje Tivoli Mofarrej).

Esta foi uma das primeiras e melhores experiências que tive na vida profissional. Lembro-me que foi nesta loja que recebi um prêmio de melhor performance com o crescimento de vendas. O sucesso destas vendas foi de um processo que eu criei de cadastro dos clientes frequentes que normalmente ficavam hospedados no hotel e precisavam emitir ou reemitir suas passagens.

Depois, tentei por um ano trabalhar com tradução, área de minha formação, mas percebi que não era o que eu queria e procurei uma oportunidade de voltar à dinâmica da aviação.

A Continental Airlines (hoje United Airlines) tinha chegado há pouco no Brasil e estava procurando por um agente de loja de meio período. Fiquei neste cargo por poucos meses e logo estava em tempo integral na loja localizada no centro da cidade.

Eu tinha constante contato com todos os departamentos: vendas, reservas, financeiro, marketing. Sempre procurando ajudar cada área com a minha experiência e achando as melhores alternativas para integrar as equipes.

Depois de alguns anos, passei para a vaga de executivo de vendas interno, dando suporte para os vendedores externos.

Durante este período tivemos grandes mudanças na empresa, um novo diretor automatizou muitos processos, entre eles o de resultados de vendas para o sistema chamado Boss (hoje e-Smash). Eu fui responsável em cadastrar as agências e conseguir os resultados de forma automática. Foi mais um sucesso.

Hoje existem milhares de outros programas e sistemas desenvolvidos com a tecnologia que oferecem um raio X do mercado da aviação, ajudando no desenvolvimento de novas estratégias.

Poucos anos depois, já estava como coordenadora de marketing e novos negócios integrando as equipes comerciais, atendimento e aeroporto, mostrando a importância de entender todo o caminho percorrido por nosso cliente e procurando novas oportunidades de negócio.

Tragédias na aviação

Passamos pelo desafio do 11 de setembro com o fechamento dos aeroportos nos EUA por quase uma semana, telefones tocando sem parar, uma tristeza geral de tantas pessoas perdidas num ato de terrorismo.

Foi a coisa mais surreal na minha vida profissional! Já tinha enfrentado outros acidentes fatais de quedas, mas daquela forma não!

Mesmo não trabalhando numa das companhias aéreas impactadas, eu vivi de perto a dificuldade de poder explicar ao passageiro a tragédia, quase impossível não se envolver emocionalmente com os familiares.

Sim, a aviação sempre será fortemente impactada com situações extremas como essa, mas sobrevivemos. Aprendemos, nos adaptamos à nova realidade, encontramos novas soluções, somos uma família, ajudamos um ao outro, mesmo sendo competidores, e seguimos em frente.

UMA MUDANÇA NA MINHA VIDA PESSOAL

Deixei a Continental Airlines quando meu filho Daniel tinha dois anos, com o objetivo de cuidar da família. Alguns anos depois, o David nasceu e mudamos para o interior de São Paulo para viver numa pequena chácara num condomínio fechado.

Em maio de 2009, meu marido Ezequiel, com quem tinha vivido meus últimos 20 anos, teve um aneurisma cerebral e depois de 28 dias internado eu me despedi dele! Foi muito difícil, mas tinha fé de que Deus iria cuidar da minha família e que conseguiria seguir em frente, ainda mais com duas crianças pequenas.

E foi o que aconteceu! Assim que todas as pessoas que conheci souberam o que tinha acontecido, entraram em contato comigo e em pouco tempo um amigo de longa data disse que tinha uma vaga de coordenadora de vendas internacional na TAM (hoje LATAM).

Em pouco mais de um mês, já estava de em São Paulo e voltando ao mercado de trabalho na área do meu coração: a aviação.

Agora, eram novos desafios. Estava longe do mercado há quase quatro anos e muita coisa já tinha mudado, progredido, quase tudo era online, com processos muito mais alinhados.

Eu sempre gostei de estudar e como estava preocupada em recuperar os quatro anos para me inteirar e relembrar do mercado da aviação, ingressei num curso de MBA da FGV organizado pela própria TAM para os colaboradores.

Durante meu tempo na TAM, eu aprendi com as bases internacionais novas culturas sobre a aviação fora do Brasil, coordenava o grupo da Star Alliance no Brasil aprendendo novas culturas das outras companhias aéreas no Brasil, além de contatos com parceiros e fornecedores de todo o mercado internacional. Alguns ainda eram os mesmos contatos de anos atrás.

Um pouco antes da fusão da Lan Chile com a TAM e percebendo que o departamento internacional seria fechado no Brasil, aceitei um novo desafio, trabalhar na Turkish Airlines.

Já tinha trabalhado em companhias aéreas brasileiras e americanas, mas agora seria um grande desafio: trabalhar numa empresa turca que estava há pouco tempo no Brasil.

A equipe de vendas era bem pequena – apenas eu e mais uma pessoa. Poucos meses depois, a gerente saiu da empresa e o diretor me convidou para um grande desafio na minha carreira – ser a gerente comercial e de marketing da empresa no Brasil.

Logo pude formar uma nova equipe estruturada e reestruturar a equipe de atendimento e grupos.

Foram muitas viagens para a matriz, explicando sobre o mercado brasileiro, sem saber falar o turco, muitas vezes literalmente desenhando os processos necessários, e em pouco tempo já estávamos com as estratégias necessárias para desenvolver a companhia aérea no Brasil.

Ao mesmo tempo, estava treinando duas pessoas para deixar no meu lugar. Treinar um substituto e ensinar a equipe tudo que sei sempre foi e continua sendo o meu legado, porque, quanto melhor preparados, vamos todos crescer juntos.

Quase quatro anos depois, parti para novos voos com a Avianca Brasil. Desta vez para cuidar dos mercados fora do Brasil e desenvolver a parte internacional de uma empresa que estava começando a se expandir para outros mercados.

Acho que foi o ano que mais viajei a trabalho, não só para fora do Brasil para alinhar estratégias com nossas bases no exterior e visitar os nossos novos clientes/agências, mas dentro do país para os aeroportos explicando um pouco sobre o perfil do passageiro internacional.

Infelizmente, depois de um pouco mais de três anos, por motivos que todos devem conhecer, a Avianca Brasil fechou as portas, deixando milhares de colaboradores, eu inclusive, sem salários, benefícios, etc. Foram meses bem difíceis, mas Deus enviou tantos anjos em forma de pessoas que passei por este período com poucas dificuldades.

Tudo sempre é um processo de aprendizagem, resiliência e paciência!

Logo após alguns meses, eu sabia que precisava procurar um novo desafio e foi quando decidi seguir o caminho de empreendedora e fazer parcerias.

Com mais de 20 anos de experiência na aviação, nacional e internacional, tinha todo o conhecimento necessário para novos desafios e foi quando comecei a fechar uma parceria com uma agência corporativa, uma de lazer e um GSA.

Durante a pandemia foi um grande desafio, mas consegui ajudar a manter a agência corporativa em atividade e a de lazer encontrar novas alternativas no mercado.

É com a AirlinePros, GSA, que tenho hoje meu maior foco e um dos maiores desafios destes últimos meses foi reintroduzir uma companhia aérea no mercado brasileiro, trabalhando toda a área comercial, marketing, assessoria de imprensa, lojas de atendimento no aeroporto, central de reservas, relatórios e serviço de bordo.

Como é trabalhar na aviação?

Trabalhar na aviação não é nada fácil. As intempéries e os riscos de algo não dar certo são enormes.

Qualquer acontecimento global muda a rotina da companhia aérea de uma hora para outra e impacta todas as pessoas de forma direta ou indireta e muito rápido!

São várias situações diárias que exigem muita resiliência, paciência, conhecimento, trabalho em equipe e ainda conseguir assistir aos passageiros para realizar o sonho, necessidade, ou seja qual for o motivo da viagem, da forma mais simples possível.

Meus pais sempre me ensinaram que podemos muito mais que imaginamos, principalmente se temos a fé de que Deus está sempre à frente e preparará o caminho para ser o mais tranquilo possível. Eu acredito muito nisso!

Também sei que sem o esforço e humildade em aprender, perguntar, questionar, aceitar opiniões, trabalhar com pessoas diferentes, seria impossível realizar tudo que tenho hoje: dois filhos maravilhosos, família e amigos e colegas profissionais, todos sempre perto e prontos para ajudar e aprender juntos.

Trabalhar na aviação não é para qualquer um, mas todos têm a oportunidade. Não tenha medo de tentar, de perguntar, aprender, reaprender, e saiba que a aviação e tudo a que está relacionada faz parte de uma grande família em que todos se conhecem de alguma forma – um mundo que, na sua imensidão, se torna pequeno.

Eu poderia escrever páginas e páginas sobre a minha experiência na aviação, mas tenho apenas este capítulo, então o desafio a vir conhecer quem trabalha na aviação e entender este mercado tão único, mas fascinante!

Continuo na incansável caminhada de me desafiar cada vez mais e poder compartilhar toda a minha experiência com todos que encontro no caminho. Quem sabe não teremos uma oportunidade em breve de nos encontrar neste mundão. Até o próximo voo!

Contadora de histórias, apaixonada pela aviação

Valdenise Menezes

É Conselheira, mentora, membro de Comitê de Auditoria, Riscos e Compliance e membro de Comitê Técnico de Políticas Contábeis, Tributárias e Demonstrações Financeiras. Certificada para membro de Comitê de Auditoria pelo IBGC, é graduada em Ciências Contábeis, pós-graduada no Programa para Formação de Conselheiras (ABP-W) pela Escola de Negócios Saint Paul e formada em Governança, Riscos e Compliance (GRC) na KPMG. Aluminni do Programa Conselheira 101 para Mulheres Negras e Indígenas e membro da Fundação WCD (Women Corporate Directors). Tem 40 anos de experiência nas áreas financeira e de controladoria. Com profundo conhecimento das regras contábeis brasileiras e internacionais, sólidos conhecimentos da legislação fiscal e experiência em planejamento tributário. Atua nas áreas de governança, riscos e *compliance*.

LINKEDIN

Desde criança, sempre fui muito estudiosa. Deveria ter sido professora, mas o caminho da vida me levou para a Contabilidade. Gostei da profissão e hoje me considero uma contadora de histórias das empresas e da vida, afinal, considero que nossa vida pode ser contada como uma demonstração financeira. Temos o balanço que demonstra nosso patrimônio, líquido dos nossos bens e direitos e das nossas dívidas e obrigações, a demonstração de resultado que apresenta nossas fontes de recursos (receitas) e as aplicações desses recursos (despesas). Além disso, temos nosso fluxo de caixa com as entradas e saídas de dinheiro e as notas explicativas que contam sobre como estamos conduzindo nossa vida.

Nasci em Manaus, no estado do Amazonas. Fui muito levada durante minha infância, gostava de correr, brincar com os meninos e andar de bicicleta. Brincar de boneca não era meu forte, mas, no início da minha adolescência, conheci a dança. Meu sonho era ter sido bailarina. Minha estatura e tipo físico não ajudavam, afinal o biotipo padrão de uma bailarina não é a beleza de uma indígena. Então aos 16 anos, depois de um namoro que não deu certo, vim para o Rio de Janeiro terminar meus estudos, conheci meu primeiro marido, casei, tive meus dois filhos, a menina no Rio e o menino em Manaus, me formei em Ciências Contábeis e oito anos depois me separei.

No mesmo momento que a empresa onde eu trabalhava em Manaus decidiu transferir a área administrativa para o Rio, eu, como coordenadora de contabilidade e fiscal, fui convidada para fazer a transição. Momento muito importante e um fator determinante na minha vida profissional. Mas eu precisava garantir que meus filhos ainda pequenos não sofreriam com tantas mudanças e que ficariam bem, então pedi que meus pais viessem comigo. Minha irmã já estava estudando no Rio, então eles toparam!!!!

Sempre digo que ter medo é muito bom, nos ajuda a sobreviver. A vinda para o Rio de Janeiro foi um dos momentos em que senti medo. Apesar de ter vindo trabalhando e meus pais terem renda própria, passei por momentos difíceis. Mulher, divorciada, vinda do Norte, com filhos e muito jovem. Foram inevitáveis os assédios e preconceitos pelos quais passei. Meu pai me ensinou que deveria ter coragem e minha mãe me ensinou a ter disciplina. Então consegui me posicionar, evitar que a situação fosse pior do que poderia ser, trabalhei muito e vi minha capacidade técnica ser reconhecida por um chefe à frente do seu tempo, que me promoveu a gerente de contabilidade. Após alguns anos no grupo, lá conheci meu segundo e atual marido. Um grande parceiro de vida, que junto com meus pais me deu um forte suporte emocional nessa fase de transição de Manaus para o Rio, minha cidade do coração. Mas, na reestruturação do quadro de colaboradores da empresa, vi a condução não ser feita de forma justa, então pedi demissão.

Tentei concurso para fiscal da Receita Federal, mas não passei, comprei um apartamento e não consegui pagar devido à inflação e meus pais tiveram sua poupança confiscada no Governo Collor. Foram momentos de grandes decepções e muitas dívidas. Quase fali, mas o apoio familiar foi fundamental. Eu queria e precisava ganhar mais, pois precisava garantir o equilíbrio financeiro e emocional da minha família.

Então minha busca por um novo emprego me conduziu a uma vaga de analista contábil para uma grande organização, o salário era maior do que meu emprego anterior, comprei um tecido florido, escolhi o modelo em uma revista e pedi para minha irmã que é costureira que fizesse o vestido para mim. O vestido ficou lindo e, graças a Deus, fui aprovada. Fiquei lá por quase 13 anos, em seis meses fui promovida a coordenadora, alguns anos depois a gerente. Minha irmã foi embora para Manaus, meus filhos cresceram e consolidaram nossa parceria e cumplicidade. Casei-me novamente, meus pais continuaram ao meu lado e finalmente a vida financeira melhorou.

Ainda nessa organização, recebi o convite para trabalhar em São Paulo. Foi uma decisão difícil. Não valia a pena minha família vir comigo, meus filhos adolescentes, e São Paulo uma metrópole. Mais uma vez senti medo. Porém, era uma oportunidade única, uma grande empresa, listada fora do Brasil, um time com 40 colaboradores. Que desafio!!! Topei e lá tive a felicidade de conhecer um chefe talentoso e sensível. Com trabalho e dedicação, aprendi muito e ele viu em mim a capacidade de me posicionar, saber dizer não e tomar decisões diante de situações adversas. Nem podia imaginar que seria ele a me levar para o mundo da aviação quase uma década depois.

Depois de quatro anos, voltei para o Rio e estava muito feliz. Voltei para perto da minha família, estava em uma empresa superestável, boa remuneração e benefícios e, pela primeira vez, minha chefe era uma mulher. Uma mulher encantadora e inspiradora. Mas, três anos depois, participei de um processo seletivo para *controller* de uma empresa *startup* que ia abrir capital e percebi que eu precisava de mais desafios, de mais medo, de mais adrenalina, de mais mudanças, de me sentir crescendo. Porque sou assim, não gosto do cotidiano, não gosto de me sentir estagnada, sem perspectiva de evolução. Fiquei muito triste por sair do grupo, mas fui!!

O tempo foi curto, o aprendizado foi bom, mas dois anos depois fui convidada por aquele chefe de São Paulo para participar da seleção de uma vaga para diretoria de controladoria de uma grande empresa de aviação, novamente em São Paulo. O convite para ser diretora foi algo maravilhoso que eu sequer havia pensado que aconteceria. Minha meta era ser gerente, criar meus filhos, garantir a sobrevivência deles com estudo e trabalho, cuidar dos meus pais quando eles envelhecessem, ficar ao lado do meu marido sempre. Eu realmente posso dizer que tive o privilégio e a bênção de Deus por tantas pessoas especiais que passaram pelo meu caminho. Pessoas que acreditaram em mim e me deram oportunidades únicas e muito valiosas, porque viram em mim um potencial mais do que profissional, também de ser humano. Pessoas da minha família que nunca deixaram de me apoiar e suportar minha ausência. Fiz todo o processo seletivo, fui entrevistada por muitos executivos e conselheiros, e por último pelo presidente da empresa. Inesquecível! Foi assim que começou a minha história na aviação.

Escolhi meus empregos com base no meu conhecimento técnico e pela oportunidade financeira, não pelo ramo das empresas. Me tornei chefe porque naquela época era a única forma de ser promovida, basicamente não havia preparação para essa função. E lá estava eu, pela primeira vez em uma empresa de aviação e assumindo um time de mais ou menos 140 colaboradores no Brasil e na América Latina. Fui pelo desafio, que eu nem conseguia dimensionar e, mesmo mais uma vez com medo, estava muito motivada e feliz. Gosto de mudanças e quando elas são grandes melhor ainda.

Meus primeiros anos na empresa foram de grande aprendizado e entendimento da indústria, sem deixar o fluxo do dia a dia parar. A companhia estava no momento de implantação das mudanças necessárias para a adoção das normas contábeis internacionais (IFRS), que passou a ser obrigatória aqui no Brasil. Pedi que meu time olhasse quais as novas regras que teríamos de atender, e a resposta foi "todas"!!! Exceto o que era de indústria específica. Nesse momento o tratamento tributário também passou pelo processo de adequação das bases fiscais à nova contabilidade – um período de transição que durou aproximadamente quatro anos. Era a oportunidade ideal para entender os processos, controles, sistemas e funções das áreas e das pessoas. O que os milhões de passageiros transportados conseguem ver é a atuação e o atendimento de aproximadamente 80% do contingente de colaboradores, o que não veem é o que os outros 20% trabalham para também garantir que tudo isso aconteça. E essa é a maravilha de conhecer os bastidores da indústria da aviação.

Uma companhia aérea precisa do avião, óbvio. Porém como adquirir esse avião? No mundo todo é via *leasing*, que é feito por um time de superespecialistas da área de Ativos Aeronáuticos. Eles negociam com os donos das aeronaves, providenciam a entrada delas na frota, a devolução, durante ou depois da data do contrato e a venda seguida de um novo aluguel (*sale leaseback*), tudo de acordo com o planejamento de curto, médio e longo prazo. É preciso ter conhecimento específico da indústria, pois determinam a vida útil das aeronaves e o acompanhamento junto à área de Manutenção. E é esse time que tem um papel muito importante e vital dentro da companhia. São eles que inspecionam e acompanham quando a aeronave deve ser retirada da frota, quando pode retornar e principalmente se ela está em condições de voar. Ou seja, a segurança de um voo tranquilo também está nas mãos deles, juntamente com a tripulação. E quem garante que os serviços de manutenção e peças de reposição sejam realizados e disponibilizados são muitas áreas, mas destaco aqui Suprimentos e Jurídico.

Uma vez que os aviões chegam, a companhia está pronta para ofertar o transporte aos passageiros. Fácil??!! Não necessariamente. Temos muitos times envolvidos nesse processo. Para vender, é preciso que o time de planejamento da malha determine os pontos de origem, escala, conexão e pouso dos voos nas "ruas aéreas" entre os aeroportos. Um grande quebra-cabeça que depois de pronto (e muda sempre) é a base para a formação dos preços das passagens pelo time de Yield. Tudo isso pronto é a fonte para o Comercial e o Marketing, trabalharem na venda da nossa principal fonte de receita, os nossos passageiros.

Aviões em casa, assentos vendidos, vamos voar. Opa! Ainda não. Alguém precisa providenciar o combustível para o avião decolar. Afinal esse é o custo mais representativo da companhia, cujo volume e preço dependem de fatores internos e externos que nem sempre estão sob o seu controle, logo, demanda uma área específica para negociar e acompanhar. Outra área crítica e com pouca visibilidade é o Centro de Controle Operacional, pois é ela que, no momento do voo, irá organizar o tráfego aéreo, informando aos pilotos como está o tempo, se há condições de decolar e pousar, interagindo com as demais companhias aéreas e Infraero.

Bom, agora dá para começar a voar. É com a nossa linha de frente: Aeroportos, Tripulação e Atendimento ao Cliente. São eles que nos representam e que trabalham incansavelmente todos os dias para que o cliente tenha uma boa experiência ao voar. E, quando o cliente diz que gostou, é a melhor recompensa que essa turma pode receber. Sim, eu sinto que a grande maioria ama o que faz e um único sorriso de satisfação já compensa a correria do dia a dia. Está aí uma turma de que gosto e admiro muito.

Mas tem muito mais áreas envolvidas em todo o processo de voo, nosso *back office* precisa ser muito poderoso para garantir que tudo isso aconteça, seja registrado e divulgado em um processo de retroalimentação que não para. Dentre tantas, destaco aqui a área de TI, que tem atuação no *front* e no *back office* comandando um emaranhado de sistemas com muita agilidade e segurança.

A eficiência da minha diretoria dependia desse conhecimento para garantir relatórios contábeis fidedignos, apurações fiscais adequadas e controles internos efetivos para nosso público interno e externo, bem como para interagir com as áreas Financeira e de Relações com Investidores, atuantes na captação de recursos financeiros para efetividade das realizações da companhia.

Após quatro anos na empresa, apesar de possuir mais conhecimento da indústria, duas grandes reestruturações societárias e a entrada de um novo presidente na companhia mudaram o meu dia a dia. O movimento de reorganização de sociedades demanda muito das áreas de *back office*. Não só na *due diligence*, na emissão de relatórios, apuração e revisão de impostos e reestruturação de controles internos, mas também na movimentação de pessoas e consequentemente no alinhamento de culturas. Apesar de considerar que já conhecia o suficiente dos processos da companhia, me deparei com uma mudança mais profunda. Nosso novo presidente chegou trazendo esta missão para toda a administração da companhia. Foi preciso revisitar, reforçar e restabelecer a cultura da companhia, para mim um processo fundamental para seguir em frente.

Foram dois anos de reuniões, conversas em grupo e individuais e visitas às áreas. Revisitamos nossa missão, visão, valores e propósito. Gosto de destacar os valores, porque foram os que mais me tocaram. Em uma sequência que fizesse sentido, decidimos quantos e quais valores seriam, as suas intercessões e sua apresentação ao público. Com o valor SEGURANÇA, sempre em primeiro lugar, contamos com o orgulho de ser o melhor time da aviação, o TIME DE ÁGUIAS, colocamos nosso CLIENTE no centro das nossas decisões, nos apoiando na nossa principal força competitiva, o BAIXO CUSTO COM INTELIGÊNCIA e não a qualquer custo e trabalhando com excelência para superar os objetivos dos nossos RESULTADOS.

Foi um processo desafiador e gratificante, fizemos mais do que estabelecer uma mudança de cultura, ouvimos, discutimos e definimos como era a nossa empresa e como queríamos que ela fosse no futuro. Também foi um período desafiador na minha área. Após finalizar algumas mudanças estruturais, iniciamos a implantação de um novo sistema financeiro integrado. Mas não queríamos realizar apenas uma mudança sistêmica, era necessário revisar e implementar novos processos, os riscos relacionados e seus respectivos controles, além de uma nova governança de normas internas, através de políticas e procedimentos. Tudo isto demandou a segregação de um time multidisciplinar de diversas áreas. Assumi nesse momento a área de Processos e a gestão do projeto de implantação com o diretor de TI. A integração do novo sistema não poderia ser garantida somente pela tecnologia, precisávamos integrar as áreas, logo foi incluído no projeto o tema de gestão de mudança. Foi difícil, cansativo, desgastante, mas sensacional, quando fechamos. Aprendi que o time de águias tem um grande potencial também em terra, com foco no atendimento ao cliente interno.

Costumo dizer que cada ano de trabalho em uma companhia aérea equivale ao dobro. O setor aéreo é dinâmico, demanda muito esforço e dedicação. São muitos colaboradores, mas não importa em que área trabalhem e que tenham diferentes percepções ou visões da companhia, o fato é que todos temos o mesmo sentimento: amar a aviação.

As companhias aéreas de forma geral têm margem baixa, estão expostas a riscos políticos e econômicos, seja no Brasil ou no exterior, logo, tem que estar constantemente em busca de equilíbrio financeiro. E foi assim que vivi minha última fase como executiva na empresa, apoiando com mais intensidade nas parcerias operacionais, nas captações de recursos financeiros, nos acordos comerciais, na negociação dos contratos de *leasing* e outras ações para fortalecer o balanço, reduzir a alavancagem e melhorar a estrutura de capital.

Foram quase dez anos de trabalho como executiva, fui do conselho fiscal e ainda participo do comitê técnico de políticas contábeis, tributárias e demonstrações financeiras. Tenho muito orgulho de fazer parte desse time e ter sangue laranja. Trabalhar em uma companhia aérea é apaixonante, gratificante e uma escola de vida pessoal e profissional. Com muita adrenalina!!!

Um voo em busca da minha história

Virgínia Gabriel Sousa Pereira

Trader de aeronaves. Atua no mercado de *trading* há sete anos, há cinco trabalha somente com importação de aeronaves na Timbro Trading. Graduada em Administração de Empresas pela Universidade Federal de Minas Gerais. Empreendeu por seis anos no comércio de roupas on-line e marca própria.

INSTAGRAM

Sempre me perguntam como fui parar na profissão de *trader* no mercado internacional de importação de aeronaves. A resposta é, no mínimo, curiosa: eu caí de paraquedas.

Nasci em Abaeté, no interior de Minas Gerais. Uma cidade pequena, com uma simplicidade que marcou minha infância. Meus pais se separaram quando eu tinha seis anos, e fui criada pela minha mãe depois que meu pai deixou a cidade.

Filha única, cresci vendo minha mãe ser uma figura forte, independente, que trabalhava incansavelmente para me proporcionar o melhor. Lembro-me de passar tardes na loja de roupas dela, ajudando nas vendas desde pequena, enquanto estudava de manhã.

Esse contato inicial com o comércio e as pessoas foi fundamental para moldar minha paixão por vendas e interações humanas. Eu adorava vender, conhecer as pessoas, ouvir suas histórias. Era algo que fluía naturalmente, e alguns clientes até preferiam ser atendidos por mim.

Minha vida acadêmica foi marcada por tardes de estudo na casa da minha avó paterna ou de amigas. Sempre fui uma aluna dedicada, com um amor especial por idiomas, especialmente o inglês. Eu contava os dias para a aula de inglês, enquanto meus colegas detestavam.

O fascínio por outras línguas e culturas estava presente desde cedo, e isso me acompanharia por toda a vida.

Embora minha cidade fosse pequena para os meus sonhos, tive uma infância feliz, rodeada por tios e primos, brincando na rua e visitando fazendas. Essas memórias são preciosas, mas eu era a menina que sempre amou entrar em um avião e, com 15 anos, já sabia que queria ir para uma cidade maior.

Em 2003, minha mãe me inscreveu em um concurso de modelos. Embora eu não tivesse tomado a iniciativa, a ideia da minha mãe acabou me levando a um mundo novo. Com 1,78 metro de altura e um biotipo típico da profissão, acabei ganhando a final de Minas Gerais, conquistando um *book* e um contrato com uma agência.

No entanto, optei por permanecer na minha cidade. Não era o momento de partir. Eu ainda tinha muito a viver e aprender ali.

Aos 17, me mudei para Belo Horizonte para terminar o terceiro ano do ensino médio e fazer cursinho, dividindo um apartamento com uma amiga. Modelar tornou-se um segundo plano; meu foco era estudar.

Não sabia ainda qual profissão escolher, mas sabia que queria algo que me desafiasse e me permitisse explorar o mundo. Fiz um teste vocacional e o resultado foi Turismo. Passei na Universidade Federal de Minas Gerais (UFMG), apesar de também ter prestado vestibular para Comércio Exterior e Relações Internacionais.

O curso de Turismo, focado em planejamento territorial e plano diretor, não era exatamente o que eu esperava. Fiz um intensivo de espanhol em Buenos Aires aos 20 anos, e comecei a estudar francês no Brasil, mas não dei continuidade.

O ponto de virada aconteceu quando recebi uma proposta para trabalhar como modelo na China. Abracei essa oportunidade como uma forma de ampliar meus horizontes culturais e acadêmicos.

Morando na China por sete meses, enfrentei desafios que me transformaram. A primeira semana foi especialmente difícil, com a barreira da língua, os costumes e a comida completamente diferentes. No entanto, a experiência foi enriquecedora. Fiz amigos do mundo todo, experimentei sabores novos, e me senti em casa em uma das maiores cidades do mundo. Essa experiência comprovou que conhecer outras culturas era uma paixão que eu tinha desde sempre.

De volta ao Brasil, continuei na faculdade de Turismo, mas já com uma visão muito diferente. Matérias como Administração, Marketing e Finanças me encantavam mais, e foi aí que mudei o meu curso para Administração de Empresas, também na UFMG. Fiz estágio na Ômega Energia Renovável por um ano e meio, abandonando temporariamente a carreira de modelo. Após me formar, voltei à ativa, porque trabalhos como modelo acabam levando você para o mundo e fui trabalhar na Indonésia e em Cingapura, onde tive experiências incríveis.

Cada país me ensinou algo novo. Na Indonésia, a baixa concorrência entre modelos me permitiu criar um portfólio robusto. A experiência foi desafiadora, pois se trata de uma cultura muito diferente, ainda mais para mulheres.

Já em Cingapura, o mercado era mais competitivo, mas altamente organizado. Cingapura era a NY da Ásia, tudo funcionava, era fácil se locomover, os clientes são muito educados, todos falavam inglês e consegui fazer dinheiro. Foi uma experiência incrível e não tive medo de mais nada: estava pronta para tudo, até para empreender.

Quando me formei em Administração, estávamos vivendo o *boom* do e-commerce e comecei a vender as roupas da loja da minha mãe on-line. Foi algo informal, criei uma conta no Instagram e vestia as roupas que ela comercializava. Fazia até pedidos e montava um estoque só meu. Isso durou cinco anos.

Nesse tempo, além do trabalho como modelo, fiz *styling*

em sessões de fotos para a agência em que eu estava. Mas ainda faltava algo. Sou uma pessoa conectada com moda, naturalmente, e com o comércio, que está em meu DNA, porém eu amava mesmo o mundo corporativo.

Fui passar seis meses em NY com meu pai. Precisava viver mais uma experiência internacional e fiz alguns trabalhos como modelo, mas o período foi como um sabático, para organizar as ideias. Entrei como sócia de uma marca de bolsas *hand made* com uma amiga, porém era difícil, pois tinha baixa valorização. Olha só, eu tinha pouca experiência, no entanto já sabia fazer esta análise.

Voltei ao Brasil, para São Paulo, porque queria buscar o sonho de fazer uma carreira corporativa. Tinha amigas de Belo Horizonte em São Paulo e frequentava um grupo de mulheres que foi essencial para me conectar com profissionais bem-sucedidas.

Enquanto muitas das minhas antigas colegas estavam na fase de casar e ter filhos, eu estava determinada a construir minha carreira. Mantive meu foco, tanto no *mindset* quanto na espiritualidade, e constantemente pedia a Deus que me ajudasse.

Foi então que a Juliana Araújo me apresentou a uma *trading* especializada em importação. Na época, eu estava participando de um processo seletivo para a Uber e também fui indicada para uma vaga na Etna. Acabei sendo aprovada tanto na *trading*, para a posição de *trader*, quanto na Etna.

Minha amiga me disse que a *trading* me ofereceria mais oportunidades de crescimento, e foi por isso que optei por essa empresa. Comecei a trabalhar como *trader* de terceirização.

O apoio da minha diretora de operações e do CEO foi essencial; eles me orientaram e ensinaram tudo o que eu precisava saber. Lembro-me dos "incoterms", da diferença entre importação por conta e ordem e por encomenda, da diretora explicando cada linha da planilha e me ensinando sobre ICMS ST, PIS e Cofins. Ironia do destino, já que eu jamais gostei de questões tributárias.

O CEO me levava a todas as reuniões, em que tive a oportunidade de interagir com outros CEOs e com membros da LIDE. Após um ano nessa *trading*, a Timbro, onde trabalho atualmente, me ofereceu uma vaga como *trader* de terceirização. No entanto, naquele momento, eu ainda sentia que tinha muito a aprender com meus mentores.

Oito meses depois, enquanto estava de férias, um dos sócios da Timbro me ligou e disse que era o momento certo e que eu era a pessoa ideal para a vaga. Naquela ocasião, eu não fazia ideia de que existia um setor específico apenas para a importação de aeronaves.

Quando voltei de viagem, aceitei a oferta e comecei na Timbro como *trader* de aeronaves. Embora já tivesse experiência com importação por encomenda na empresa anterior, o universo das aeronaves é extremamente específico. O apoio do gerente operacional foi crucial, me ajudando a entender a complexidade e as particularidades envolvidas na importação de aeronaves novas e usadas.

Meu primeiro líder saiu em cinco meses e eu me deparei com o primeiro desafio: uma aeronave usada, que estava na Alemanha, com registro em Malta, e o *closing* seria feito nas Ilhas Guernsey, e depois iria para os Estados Unidos ser registrada lá. Essa operação foi o pontapé para eu de fato começar a entender a importação e tive total apoio do time operacional e jurídico, além da advogada aeronáutica do cliente.

Não foi fácil. Estava sozinha com os sócios, lidando com grandes somas de dinheiro, até que um novo líder fosse contratado. Naquela época, em 2019, o mercado estava sensível, e em 2020 a pandemia causou uma enorme redução no volume de importações. No entanto, após o período crítico, o mercado se aqueceu exponencialmente, levando à contratação de um novo diretor para reestruturar a área de aeronaves.

Com o aquecimento do mercado e a chegada desse diretor especializado, a área teve um grande impulso em 2021. Sou muito grata a Philipe Figueiredo, meu mentor, que me ensinou competências técnicas, comerciais e habilidades essenciais para seguir sozinha. Ele me deu muita confiança, permitindo que eu assumisse operações independentemente.

Foi um grande desafio entrar neste mercado dominado por homens, especialmente sendo uma mulher jovem tentando fechar negócios envolvendo aeronaves, os bens mais preciosos dos nossos clientes. Enfrentei resistência e machismo estrutural, mas desistir nunca foi opção.

Durante essa jornada, sofri preconceito de parceiros externos que não acreditavam que eu, uma mulher jovem, tinha o perfil para lidar com produtores rurais do interior – mal sabiam eles de onde eu vim. Também fui questionada sobre casar e ter filhos, como se eu devesse fazer uma escolha e abandonar o mercado.

Participar de eventos no Brasil e no exterior foi fundamental; e conhecer outras mulheres na aviação me fez entender que não estava sozinha. De café em café e em eventos, construí relacionamentos e descobri que o mercado está cheio de mulheres extraordinárias, algumas com mais de 20 anos de carreira. Isso me motivou a seguir em frente nesta profissão que amo.

A Timbro teve um papel crucial nesse processo, sempre me apoiando e desenvolvendo minha carreira.

Com a reestruturação da área e o aumento dos negócios, tanto a empresa quanto eu ganhamos reconhecimento. Passei a ter clientes recorrentes, e *brokers* e fabricantes confiaram em mim para indicações.

Foi então que conheci três mulheres incríveis, que hoje são minhas amigas e que admiro profundamente. Elas lideram uma empresa de distribuição e venda de aeronaves junto com seu irmão. Além da sinergia comercial, compartilhamos um *background* comum: todas somos mineiras e nossas trajetórias se cruzaram de maneira única.

Inspirei-me na CEO e na CCO dessa distribuidora, que mostraram que é possível ter uma carreira de sucesso e uma vida pessoal equilibrada.

Mulheres da Timbro me inspiram diariamente, especialmente a diretora jurídica, cuja competência, postura e conhecimento são inestimáveis. Ela sempre esteve ao meu lado, me ensinando e apoiando.

Hoje, sinto que há espaço para mais e mais mulheres na Timbro. Estou cercada por profissionais incríveis e competentes que fazem de tudo para incluir todas nós.

Minha maior inspiração, no entanto, é minha mãe. Quando comecei a trabalhar neste segmento, ela disse: "Você pertence a este lugar".

No início, quando me mudei para São Paulo, minha mãe trabalhava arduamente para me apoiar até que eu pudesse ser independente. Devo tudo a essa mulher incrível que sacrificou tanto por mim.

Minha avó materna, que criou sete filhos sozinha após ficar viúva aos 38 anos, e minha avó paterna, que também criou seis filhos sozinha, são outras fontes de inspiração. Ambas sempre acreditaram que eu estava destinada a algo maior.

Hoje, estou consolidando minha carreira de forma independente, carregando uma enorme bagagem de inspiração e aprendizado tanto da minha família quanto de colegas e amigos. Amo o que conquistei e o que faço hoje.

O trabalho dinâmico e os desafios diários são o que me movem. Cada importação de aeronaves é única e personalizada, e o contato direto com os clientes me permite construir uma rede de relacionamentos que alimenta minha alma.

Quando olho para trás, lembro que minha avó materna sempre sonhou ser aeromoça, mas só teve a chance de realizar o sonho de fazer seu primeiro voo já idosa, com uma viagem à Europa bancada pela família.

Coincidência ou não, voar faz parte da minha vida e, ironicamente, meu namorado mora no exterior, fazendo com que a gente sempre esteja voando para se encontrar.

O sonho de trabalhar com negócios internacionais se concretizou, permitindo-me importar os bens mais valiosos dos meus clientes: aeronaves.

No fim, viajar sempre foi um sonho desde a infância, e, de alguma forma, eu já sabia disso. Se caí de paraquedas neste setor, é voando que mantenho meus pés no chão.

História da CEO da Editora Leader e idealizadora da Série Mulheres®

Andréia Roma

Eu posso Voar!

Como tudo começou

Nasci em São Paulo, sou uma paulista muito orgulhosa de ter nascido nesta terra de tantas oportunidades. Falar das minhas origens, de quando eu era criança, é necessário, porque tudo é parte da minha história de vida. Venho de uma família muito humilde, na infância eu não sabia o que era ter uma roupa, um tênis ou uma sandália novos. Eu e minha irmã usávamos o que outras pessoas nos davam, mas mesmo assim éramos agradecidas. Hoje somos nós que ajudamos outras pessoas, seja diretamente, com caridade, ou indiretamente, através do nosso empreendedorismo.

A profissão do meu pai, um pernambucano muito batalhador, era de pintor. Ele fazia de tudo para que não faltasse nada para nós e seguíamos a vida com escassez, sem luxo, aprendendo que a melhor escolha sempre é ter muita honestidade. Meu pai foi muito carinhoso comigo e com a minha irmã, guardo boas lembranças dos primeiros anos da minha vida. Atualmente ele é aposentado e posso dizer que é uma pessoa maravilhosa, muito importante para mim.

Mamãe, paulista como eu, não trabalhava, porque meu pai entendia que ela precisava estar em casa para cuidar da nossa educação. Então, fomos muito bem educadas por minha mãe, pois mesmo com pouca escolaridade ela nos ensinava bons valores e o respeito ao próximo. Ela nos ensinou como nos portar à mesa, como agir corretamente na convivência com outras pessoas, em qualquer ambiente em que estivéssemos. Tudo isso era próprio dela, que tem uma história muito bonita. Ela foi adotada, depois de ser deixada na porta de um orfanato, junto com as duas irmãs e um irmão.

Separadas pela adoção, depois de 30 anos minha mãe encontrou minha primeira tia, após mais cinco anos, minha outra tia. Meu tio já é falecido, infelizmente, e jamais encontraram a minha avó. Minha mãe foi adotada por um casal que vivia no Interior, e que cuidou muito bem dela, graças a Deus, e ela se tornou uma mulher de fibra, exemplar. Mamãe teve a oportunidade de concluir somente o colegial, não prosseguiu com os estudos, pois se casou com papai muito jovem. E na simplicidade dela, com seu olhar amoroso e de bons valores, nos ensinava muito. Fomos crianças, eu e minha irmã, que tivemos uma mãe presente de verdade. Ela esteve sempre junto com a gente, na pré-escola, no primeiro dia de aula, ia nos buscar, cuidava muito bem de nós, nos orientava, ensinava como nos defender. São muitas passagens que ficaram marcadas nos nossos corações.

Escolha amar, sempre

Algumas pessoas, ao lerem este trecho de minha história, vão dizer que minha mãe talvez não devesse ter aberto mão dos estudos e de trabalhar fora. Na verdade, ela escolheu estar presente e com isso acompanhar nossa infância e todos os nossos passos. Eu digo sempre que ela escolheu amar. Entendo que hoje nós, executivas, não temos como abrir mão de nossas carreiras, porém, ao trazer esta história tenho a intenção de dizer para você que, mesmo com a correria do dia a dia, nunca deixe de registrar em sua agenda o tópico TEMPO PARA AMAR, envie um *invite* se preciso.

Minha mãe me ensinou o segredo de ser fiel às pessoas que amamos e cuidar com amor e dedicação. Apesar de ter sido abandonada um dia por sua mãe biológica, ela me ensinou que amar é um remédio que cura todas as dores da alma. Muitas vezes, quando iniciamos um trabalho, não nos dedicamos como poderíamos e isso ao longo dos anos se torna prejudicial. Reconheço que minha mãe foi a maior treinadora do tema "dedicação e atendimento ao cliente" que eu poderia ter em minha vida. E você, consegue se lembrar do que sua mãe ou seu pai lhe ensinou? Faça sempre essa reflexão e se fortaleça. Desafios vêm para mostrar o quanto você é forte.

Um livro muda tudo!

E como nasceu meu amor pelos livros, esse amor que me levou a empreender no mercado editorial? Bem, o primeiro livro que ganhei foi uma cartilha escolar. Eu adorava essas cartilhas porque podia pintá-las e tinha exercícios que eu gostava de fazer. Aí nasceu minha paixão pelos livros, que só aumentou pela vida afora. Isso colaborou muito na minha atuação como editora, porque não acredito em livros sem exercícios. Eu amava minhas cartilhas, eram distribuídas pelo governo. Elas eram o que eu tinha, eu ganhava de presente, cuidava delas com muito zelo e carinho, lembro-me até de ajudar minha mãe a encapá-las.

Achava sensacional poder ter aqueles livros e cartilhas, enfeitava com florezinhas, não tinha muito o que colocar, não tínhamos como comprar adesivos, então eu fazia com revistas e jornais velhos, tudo que achava eu recortava e colava, deixando tudo muito bonito. A atitude de colar e enfeitar os livros, cuidando com zelo, é o que trago para os dias de hoje. Minha lição aqui é convidar você a zelar e cuidar das oportunidades e parcerias, infelizmente ao longo dos anos nos decepcionamos com algumas, porém, desistir de encontrar parceiros certos para juntos fazer a diferença, jamais. Lembre-se de se levantar a cada tombo unicamente por você e não para que as pessoas que o feriram vejam. Estas pessoas passaram, e você seguiu. Viva o aqui e agora e esqueça o passado.

Sororidade inspirada por meu pai

Se eu pudesse resumir um pedaço da minha história sobre o tema Sororidade, descreveria com estes fatos.

Todos os dias de manhã meu pai saía de casa de bicicleta, praticamente atravessava a cidade para ir trabalhar, e assim economizava na condução para podermos ter um bom café da manhã, antes de irmos pra escola. Quando voltava sempre trazia um pacotinho de balas, de cereja ou de chocolate, lembro-me do formato e cheiro até hoje. Assim que ele chegava colocava as balas do saquinho na mesa, e pedia para eu e minha irmã sentarmos à mesa com ele; ali ele iniciava um ritual diário, olhando nos nossos olhos com carinho ele dividia as balas, e só depois deste momento é que poderíamos pegá-las.

Meu pai me ensinou sobre sororidade muito antes de ouvirmos sobre o tema. Ele com esta atitude me ensinava o valor de respeitar minha irmã, o valor de dividir, o valor de receber, o valor de agradecer. Recordo que a gente não brigava por isso, e ele e minha mãe nos ensinavam ali, mesmo sendo pessoas com tão pouca escolaridade, a compartilhar, a apoiar, respeitar. E isso eu faço sempre, seja como editora, como ser humano, eu compartilho muito. Eu dou muitas oportunidades para que outras pessoas possam publicar, possam escrever, possam se encontrar e identificar a sua história. E se valorizar, por isso eu foco muito no protagonismo da história, o que tenho certeza que fez diferença na minha vida.

Então finalizo aqui essa parte que fala da minha infância, dos meus pais, e de como eles me ensinaram a ser quem eu sou hoje.

Laboratório do sucesso

Iniciei minha vida profissional quando tinha 14 anos, como cuidadora de um casal de idosos. Trabalhar com eles me ensinou a ver e sentir o ser humano de outra forma, mais sensível, mais dependente. Eles já não estão mais conosco, mas nem imaginam o tamanho do legado que deixaram para mim. Foi uma grande lição para uma menina de 14 anos. Aos 15, entendi o significado de atender pessoas, fui trabalhar em uma banca de pastel e ali tive a chance de aprender grandes lições. Uma delas eu me recordo bem: meu patrão fritava todos os dias um pastel de carne e me fazia comer; quando eu terminava, ele dizia: "Como foi? Estava saboroso?" Na época eu não entendia o que ele queria, porém hoje sei que ele me ensinava que a experiência de experimentar é o maior laboratório do sucesso. Um cliente só volta para sentir novamente a experiência que seu produto pode proporcionar.

Aos 16, iniciei como recepcionista em uma papelaria, onde gostava muito de atender os clientes e fiz muitas amizades. Nesta experiência entendi que o *networking* traz para nossas vidas muitas oportunidades. Uma dica importante para você que deseja crescer é se relacionar, conhecer seus clientes, entender o que fazem e por que fazem. Todo cliente tem um propósito, descubra o propósito do seu cliente.

Aos 18, engravidei do meu primeiro namorado, e foi também meu primeiro aprendizado. Hoje eu agradeço a ele pela vida da minha filha, mas na época éramos jovens e tive uma experiência dolorosa. Eu tive a chance de ouvir o coração dela sozinha, foi um momento só meu e eu adorei. E naquele dia, como uma intuição divina, eu sabia que era uma menina, antes de o médico saber!

Quando ela nasceu, chamá-la de Larissa, que significa Alegria, realmente expressava o que eu estava sentindo. E me emociono ao dizer isso, porque ela tem me dado muitas alegrias. Segui criando minha filha sozinha e isso só me deu mais força para entender aonde queria chegar.

Lembro-me de que, quando entrei na sala de cirurgia para dar à luz a Larissa, visualizei que dali em diante eu seria empreendedora, que lutaria por mim e por minha filha. Comecei a estudar, e não parei mais, me considero uma autodidata em muitas áreas do conhecimento.

Suas escolhas decidem quem você será no futuro!

Próximo aos 24 anos me casei com o Alessandro e recebi mais um presente, meu segundo filho, chamado Boaz, e sua chegada reforçou ainda mais o que eu queria realizar em minha vida.

Na minha primeira formação em PNL e Coaching, recordo-me que o exercício na sala de aula era a ponte ao futuro. Ali eu reforçaria aonde queria chegar. E minha meta foi ter uma editora. Esse objetivo gritava dentro de mim, foi então que pedi demissão da empresa em que trabalhava. Algo me dizia "você está no caminho, vá em frente".

Foi o que fiz, porque eu tinha dois motivadores em minha vida, Larissa e Boaz.

Segui minha vida trabalhando, lendo muitos livros, pois sou uma apaixonada por livros, e participei de várias formações, buscando oportunidades, em minhas contas somos mais de 60 cursos. Confesso que investi muitos dias da minha vida para todas estas formações, ganhava pouco em empresas em que trabalhei, porém a oportunidade de estudar me manteve fiel em cada uma delas. Eu realmente fazia além do que era paga para fazer, pois eu acreditava em mim. Sou grata a todas as empresas pelas quais passei, são grandes motivadores para mim.

Quase desisti

Lembro-me que depois dos 30 anos fui convidada para estruturar a primeira editora, era um sonho e trabalhava dia e noite com a proposta de uma sociedade. Porém naquela época a empolgação foi tamanha e me esqueci do contrato, aí você já imagina. Depois desta decepção eu resolvi deixar o mundo editorial, quase desistindo do sonho de empreender, e disse a meu marido que iria procurar uma nova recolocação no mercado. Ele me disse: "Acredite, você vai conseguir".

Foi quando tive a grande surpresa que mudaria totalmente minha vida.

Ele me disse para insistir com meus sonhos. E, se eu acreditasse na editora que queria construir, daríamos um jeito para realizar minha meta. Sem me consultar, ele foi até a empresa em que trabalhava há seis anos e pediu para ser demitido. Com a indenização dele fundei a Editora Leader. Assim, nasceu a Editora Leader, por meio de alguém que renunciou ao seu trabalho para realizar o meu sonho. Meu marido me inspira até hoje.

Sou e serei eternamente grata a ele.

Meu maior legado

Falar de filhos, de família, para mim é o maior legado do mundo, é você respeitar as pessoas que você ama. Falar do momento de mãe solteira é difícil. Não fiz nada diferente de outras jovens que também engravidam e não têm o apoio de seu parceiro. Não fui forçada a engravidar, aconteceu e aí vieram as consequências. Uma delas foi que meu pai não aceitava, até pela criação que teve, tinha uma importância muito grande para ele que eu só tivesse filhos após o casamento. Ele deixou de falar comigo, não me abraçava mais, foi muito penoso lidar com isso, porque ele sempre foi muito próximo. Na realidade, ele se importava, mas estava muito magoado. Hoje eu sei disso, mas na época não.

Então eu tinha de conviver com o conflito de ter sido abandonada e de meu pai se afastar de mim. Minha mãe me apoiou e me dava carinho e força. Fiquei em casa grávida, isolada, como se estivesse em quarentena. É assim que descrevo hoje aquela situação. Como não tinha com quem conversar, eu falava com minha bebê, cantava para ela. Por isso digo que ela realmente foi a minha alegria. Falar dela e da minha gravidez é falar de todas as mães solteiras, mas principalmente dizer às jovens para que se cuidem e evitem passar por uma situação tão dolorosa.

Hoje tomo isso como um grande aprendizado. E digo que o maior desafio de ser mãe, com certeza, é estar sozinha, apesar de ter aquela bebê maravilhosa dentro de mim. Então, eu entendi que precisava realmente fazer a diferença, não só pela minha filha, mas por mim primeiro. Naquele momento eu assumi o protagonismo da minha vida. Pensei que eu queria mais da vida, queria mais de tudo que pudesse obter.

Minha maior lembrança é de quando entrei no hospital, naquele corredor frio, olhei na janelinha da porta do centro cirúrgico e quem estava ali era minha mãe. Com seu olhar ela me dizia que eu ia conseguir, e isso realmente me motiva até hoje. Então, todas as vezes que me sinto triste, eu olho na "janelinha do tempo", e vejo o rostinho da minha mãe dizendo que vou conseguir. Isso pra mim faz toda a diferença.

Quando decidi ter um emprego, até pela maturidade de querer sustentar minha filha, tive uma grande oportunidade, aos 19 anos, de trabalhar num jornal, com a venda de assinaturas. E me saí muito bem. Era no centro da cidade de São Paulo, foi uma ótima experiência.

Depois fui para uma empresa de treinamentos, que nem existe mais, mas na época tive a chance de fazer alguns e aprendi muito. Eram treinamentos de negociação, motivação, liderança, conheci também um pouco da Programação Neurolinguística (PNL), e várias outras ferramentas. E mergulhei nesse mercado, gostava muito de ler, até pela falta de oportunidade que tive, então agarrei com as duas mãos e segurei com muita determinação.

Logo depois, comecei a vender livros e revistas numa empresa que não existe mais. Lá eu aprendi bastante, as pessoas que conheci ali foram bem importantes na minha vida e entendi que para vender eu tinha de ler ainda mais. Ler bastante, o tempo inteiro. Gosto muito de ler, eu lia muitos livros sobre motivação, vendas, de liderança, de negociação, livros de Eduardo Botelho,

Reinaldo Polito, vários escritores, nacionais e internacionais, muitas pessoas que aprendi a admirar.

Contar sobre esse período é dizer o quanto essa oportunidade me ensinou a ser uma pessoa melhor, e a transformar desafios na "janelinha", onde o retrato é da minha mãe, dizendo que vou conseguir.

Pronta para Voar!

Selo Editorial Série Mulheres®

A Editora Leader é um espaço especial criado para que homens e mulheres possam publicar. Em todos os projetos da Leader dedicado às mulheres, uma das coisas que coloco é um espaço para as origens das autoras, como fiz aqui neste capítulo, porque, mesmo que seja doloroso falar sobre aquele momento, aquela situação difícil, isso faz com que você entenda a sua evolução, o quanto você caminhou, o quanto você já venceu. E faz com que veja alguém inspirador, como eu vi na janelinha do hospital, o rostinho da minha mãe. Então, qual é o rosto que você vê? Quando você se lembra dos seus desafios na infância, das situações difíceis, qual é o rosto que você vê? Acho que essa é a maior motivação, quando você consegue descrever isso, quando você trouxer isso pra sua vida consegue inspirar outras pessoas a caminhar. Percorrer o corredor daquele hospital foi um dos mais longos trajetos da minha vida, mas foi o mais importante, porque me ensinou a ser quem eu sou.

Me ensinou a compartilhar mais, me mostrou caminhos que nenhuma faculdade, nenhum curso vai me ensinar. Realmente ali eu assumi que podia fazer aquilo, e eu fiz.

Hoje minha filha tem 22 anos, está no segundo semestre de Medicina, e eu fico muito feliz. Contudo, hoje trabalho com legados, assim como os médicos, que fazem o bem para tantas pessoas! Hoje vejo minha filha caminhando para isso.

Então acho que o Selo Série Mulheres® da Editora Leader e grande parte de suas publicações têm um pouco de cada mulher, independentemente do que ela escolheu para sua vida. Digo que é uma conexão com as mulheres. Não é só quem eu quero ser, é quem eu sou. É quem eu assumi ser, é a protagonista da minha história. Com uma infância triste ou feliz, eu quero que realmente essas histórias inspirem muitas pessoas. Essa é a minha história, que reúne várias mulheres e diversas temáticas no mercado, trazendo o olhar feminino, trazendo o olhar dessas mulheres através do protagonismo de suas histórias, começando pelas origens e falando de onde elas vieram e quem elas são.

Eu me orgulho muito da Série Mulheres®, um projeto que lançamos com abrangência nacional e internacional, com ineditismo registrado em 170 países, aliás o único no Brasil, porque todos os livros são patenteados, tivemos esse cuidado para que nenhuma outra editora, além da Leader, pudesse lançar as temáticas, por exemplo, Mulheres do RH, Mulheres no Seguro, Mulheres do Marketing, Mulheres do Varejo, Mulheres na Tecnologia, Mulheres Antes e Depois dos 50, Mulheres na Indústria do Casamento, Mulheres na Aviação, Mulheres no Direito, Mulheres que Transformam, enfim, hoje já estamos na construção de quase 50 temáticas que vamos lançar até 2030. São histórias de mulheres que realmente decidiram, que, através de suas escolhas, suas trajetórias, suas boas práticas empolgam as leitoras e os leitores, porque o Selo Editorial Série Mulheres® é para homens e mulheres lerem. Então trazemos com carinho a história de cada mulher, mostrando a força feminina, não como uma briga por igualdade, nada disso, mas sim com um olhar humanizado, com um olhar em que as mulheres assumem o protagonismo de suas histórias. Elas entendem os seus valores, as suas crenças e assumem a sua identidade, mostrando quem elas são, dentro do que elas fazem, do que elas escolheram para fazer. Mulheres fortes, eu diria. São mulheres escolhidas a dedo para participar da Série. Nós precisamos entender que para tocar uma alma humana você tem que ser outra alma humana.

Então a Série Mulheres® é uma grande oportunidade para o mercado feminino mostrar sua história, mostrar mais do que o empoderamento, mostrar o quanto você pode inspirar outras mulheres. E detalhe: numa história difícil, triste, quanto você pode levantar o ânimo dessas mulheres, para que elas tenham uma chance, para que possam caminhar.

Um dos livros que vamos lançar é Mulheres – Um grito de socorro, que já está registrado também, e vem trazendo esse olhar de muitas Marias, que são fortes e deram a volta por cima em suas vidas. A Série Mulheres® é isso, é um compilado de mulheres que inspiram outras mulheres e homens. Muitas não são famosas, mas são "celebridades" dentro do que elas fazem. Nosso propósito é trazer um novo olhar para as brasileiras que colaboram para o desenvolvimento econômico do nosso país, com verdadeira responsabilidade social e ambiental.

A Editora Leader me transformou numa empreendedora de sucesso, e eu a transformei numa empresa com vários diferenciais.

Eu acredito que **"Um livro muda tudo"**, que se tornou o nosso *slogan*. E pergunto sempre, através da Leader: qual é a sua história? Qual é o poder que tem a sua história?

Termino por aqui, espero que minha história a prepare para voar, e convido você a contar a sua história aqui, na Editora Leader, no Selo Editorial Série Mulheres®.

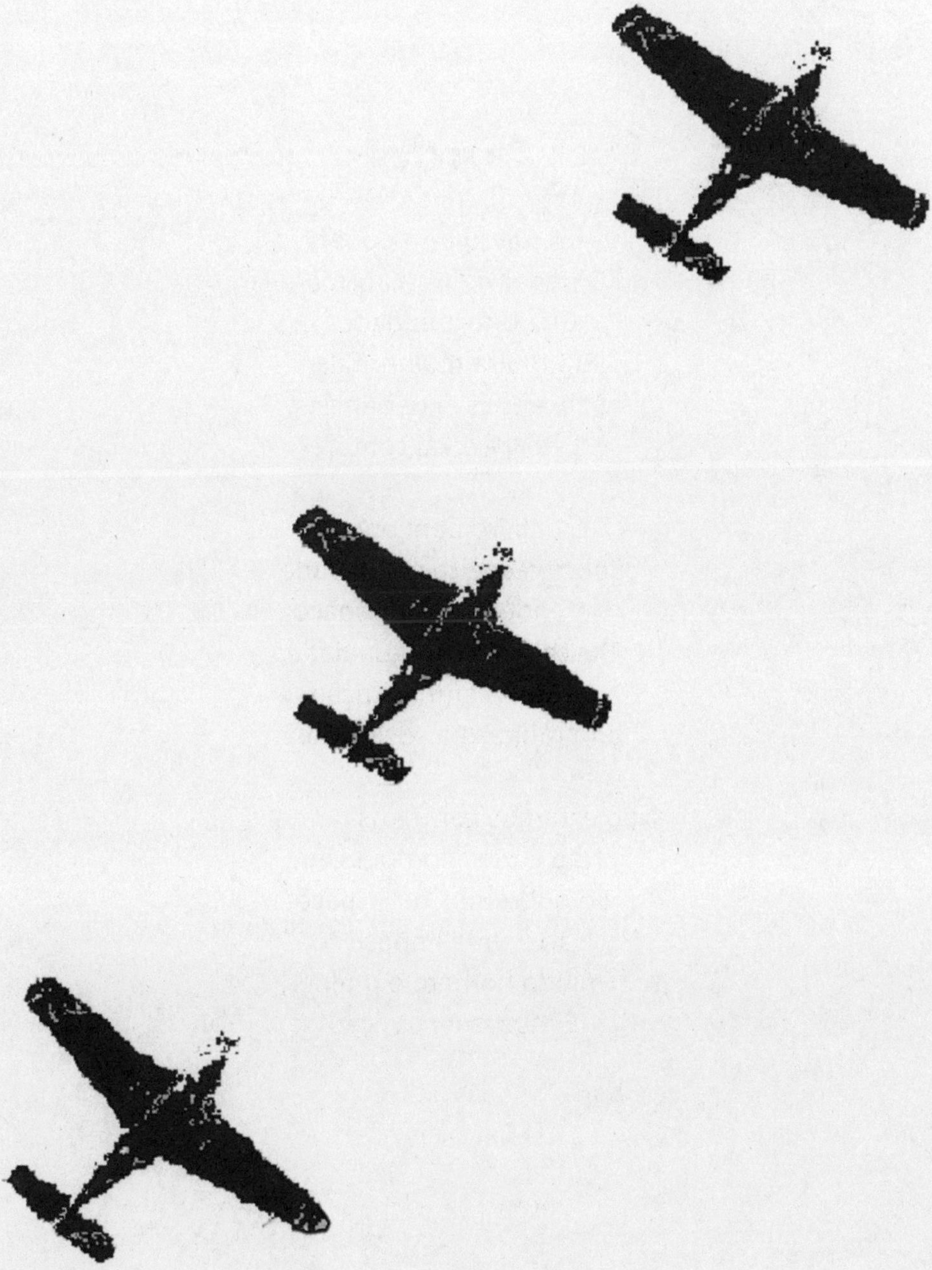

Cordel

Este livro tem poder,
O poder de transformar,
Cria oportunidades,
Pra muita mulher falar,
Sobre suas experiências,
Este livro vai contar!

Este livro bem ensina,
Sobre respeito e equidade,
Defende o nosso espaço,
Buscando mais igualdade,
Que tal ser inspiração,
Pra muitas na sociedade?

Não estamos contra os homens,
Não é uma competição,
Só queremos ter espaço,
Não é uma imposição,
Unindo homem e mulher,
É mútua inspiração!

Pra você que é mulher,
Não importa a profissão,
Reconheça o seu valor,
Dê sua contribuição,
Isso pode bem mudar,
O futuro da nação!

Por espaço igualitário,
Não é só nossa questão,
Queremos o seu respeito,
Temos também opinião,
Atenção você mulher,
Preste muita atenção!

A mensagem do cordel,
É fazer cê refletir,
Que essa série pra mulher,
Vai fazer cê decidir,
Se juntar a essa luta,
Não espere, pode vir!

Recebemos como presente este cordel, criado por **Caroline Silva**, coautora do livro "*Mulheres Compliance na Prática – volume I*", para abrilhantar as obras da Série Mulheres.

Benefícios que sua empresa ganha ao apoiar o Selo Editorial Série Mulheres®.

Ao apoiar livros que fazem parte do Selo Editorial Série Mulheres, uma empresa pode obter vários benefícios, incluindo:

– **Fortalecimento da imagem de marca:** ao associar sua marca a iniciativas que promovem a equidade de gênero e a inclusão, a empresa demonstra seu compromisso com valores sociais e a responsabilidade corporativa. Isso pode melhorar a percepção do público em relação à empresa e fortalecer sua imagem de marca.

– **Diferenciação competitiva:** ao apoiar um projeto editorial exclusivo como o Selo Editorial Série Mulheres, a empresa se destaca de seus concorrentes, demonstrando seu compromisso em amplificar vozes femininas e promover a diversidade. Isso pode ajudar a empresa a se posicionar como líder e referência em sua indústria.

– **Acesso a um público engajado:** o Selo Editorial Série Mulheres já possui uma base de leitores e seguidores engajados que valoriza histórias e casos de mulheres. Ao patrocinar esses livros, a empresa tem a oportunidade de se conectar com esse público e aumentar seu alcance, ganhando visibilidade entre os apoiadores do projeto.

— **Impacto social positivo:** o patrocínio de livros que promovem a equidade de gênero e contam histórias inspiradoras de mulheres permite que a empresa faça parte de um movimento de mudança social positivo. Isso pode gerar um senso de propósito e orgulho entre os colaboradores e criar um impacto tangível na sociedade.

— *Networking* **e parcerias:** o envolvimento com o Selo Editorial Série Mulheres pode abrir portas para colaborações e parcerias com outras organizações e líderes que também apoiam a equidade de gênero. Isso pode criar oportunidades de *networking* valiosas e potencializar os esforços da empresa em direção à sustentabilidade e responsabilidade social.

É importante ressaltar que os benefícios podem variar de acordo com a estratégia e o público-alvo da empresa. Cada organização deve avaliar como o patrocínio desses livros se alinha aos seus valores, objetivos e necessidades específicas.

REGISTRO
DIREITO AUTORAL

CBL
Câmara
Brasileira
do Livro

clique para acessar
a versão online

CERTIFICADO DE REGISTRO DE DIREITO AUTORAL

A Câmara Brasileira do Livro certifica que a obra intelectual descrita abaixo, encontra-se registrada nos termos e normas legais da Lei nº 9.610/1998 dos Direitos Autorais do Brasil. Conforme determinação legal, a obra aqui registrada não pode ser plagiada, utilizada, reproduzida ou divulgada sem a autorização de seu(s) autor(es).

Responsável pela Solicitação:
Editora Leader

Participante(s):
Andréia Roma (Coordenador) | Ana Laura Rebello (Coordenador) | Arenda Freitas de Oliveira (Coordenador) | Tatiane de Araujo Mendonça (Coordenador)

Título:
Mulheres na aviação : edição poder de uma história, vol. 1

Data do Registro:
26/10/2024 09:30:48

Hash da transação:
0x6bee63299bdba57a6acab28e81e49dac67a7b85449fc42131a86bf3020fb3afe

Hash do documento:
52af53de4634b91d26947354ef363215437a14366da0385a6f00a6b7b74c40a3

Compartilhe nas redes sociais

FAÇA PARTE DESTA HISTÓRIA
INSCREVA-SE

INICIAMOS UMA AÇÃO CHAMADA

MINHA EMPRESA ESTÁ COMPROMETIDA COM A CAUSA!

Nesta iniciativa escolhemos de cinco a dez empresas para apoiar esta causa.

SABIA QUE SUA EMPRESA PODE SER PATROCINADORA DA SÉRIE MULHERES, UMA COLEÇÃO INÉDITA DE LIVROS DIRECIONADOS A VÁRIAS ÁREAS E PROFISSÕES?

Uma organização que investe na diversidade, equidade e inclusão olha para o futuro e pratica no agora.

Para mais informações de como ser um patrocinador de um dos livros da Série Mulheres escreva para: **contato@editoraleader.com.br**

ou

Acesse o link e preencha sua ficha de inscrição

Nota da Coordenação Jurídica do Selo Editorial Série Mulheres® da Editora Leader

A Coordenação Jurídica da Série Mulheres®, dentro do Selo Editorial da Editora Leader, considera fundamental destacar um ponto crucial relacionado à originalidade e ao respeito pelas criações intelectuais deste selo editorial. Qualquer livro com um tema semelhante à Série Mulheres®, que apresente notável semelhança com nosso projeto, pode ser caracterizado como plágio, de acordo com as leis de direitos autorais vigentes.

A Editora Leader, por meio do Selo Editorial Série Mulheres®, se orgulha do pioneirismo e do árduo trabalho investido em cada uma de suas obras. Nossas escritoras convidadas dedicam tempo e esforço significativos para dar vida a histórias, lições, aprendizados, cases e metodologias únicas que ressoam e alcançam diversos públicos.

Portanto, solicitamos respeitosamente a todas as mulheres convidadas para participar de projetos diferentes da Série Mulheres® que examinem cuidadosamente a originalidade de suas criações antes de aceitar escrever para projetos semelhantes.

É de extrema importância preservar a integridade das obras e apoiar os valores de respeito e valorização que a Editora Leader tem defendido no mercado por meio de seu pioneirismo. Para manter nosso propósito, contamos com a total colaboração de todas as nossas coautoras convidadas.

Além disso, é relevante destacar que a palavra "Mulheres" fora do contexto de livros é de domínio público. No entanto, o que estamos enfatizando aqui é a responsabilidade de registrar o tema "Mulheres" com uma área específica, dessa forma, o nome "Mulheres" deixa de ser público.

Evitar o plágio e a cópia de projetos já existentes não apenas protege os direitos autorais, mas também promove a inovação e a diversidade no mundo das histórias e da literatura, em um selo editorial que dá voz à mulher, registrando suas histórias na literatura.

Agradecemos a compreensão de todas e todos, no compromisso de manter a ética e a integridade em nossa indústria criativa. Fiquem atentas.

Atenciosamente,

Adriana Nascimento e toda a Equipe da Editora Leader
Coordenação Jurídica do Selo Editorial Série Mulheres

ANDRÉIA ROMA
CEO DA EDITORA LEADER

REGISTRE seu legado

A Editora Leader é a única editora comportamental do meio editorial e nasceu com o propósito de inovar nesse ramo de atividade. Durante anos pesquisamos o mercado e diversos segmentos e nos decidimos pela área comportamental através desses estudos. Acreditamos que com nossa experiência podemos fazer da leitura algo relevante com uma linguagem simples e prática, de forma que nossos leitores possam ter um salto de desenvolvimento por meio dos ensinamentos práticos e teóricos que uma obra pode oferecer.

Atuando com muito sucesso no mercado editorial, estamos nos consolidando cada vez mais graças ao foco em ser a editora que mais favorece a publicação de novos escritores, sendo reconhecida também como referência na elaboração de projetos Educacionais e Corporativos. A Leader foi agraciada mais de três vezes em menos de três anos pelo RankBrasil – Recordes Brasileiros, com prêmios literários. Já realizamos o sonho de numerosos escritores de todo o Brasil, dando todo o suporte para publicação de suas obras. Mas não nos limitamos às fronteiras brasileiras e por isso também contamos com autores em Portugal, Canadá, Estados Unidos e divulgações de livros em mais de 60 países.

Publicamos todos os gêneros literários. O nosso compromisso é apoiar todos os novos escritores, sem distinção, a realizar o sonho de publicar seu livro, dando-lhes o apoio necessário para se destacarem não somente como grandes escritores, mas para que seus livros se tornem um dia verdadeiros *best-sellers*.

A Editora Leader abre as portas para autores que queiram divulgar a sua marca e conteúdo por meio de livros...

EMPODERE-SE
Escolha a categoria que deseja

■ Autor de sua obra

Para quem deseja publicar a sua obra, buscando uma colocação no mercado editorial, desde que tenha expertise sobre o assunto abordado e que seja aprovado pela equipe editorial da Editora Leader.

■ Autor Acadêmico

Ótima opção para quem deseja publicar seu trabalho acadêmico. A Editora Leader faz toda a estruturação do texto, adequando o material ao livro, visando sempre seu público e objetivos.

■ Coautor Convidado

Você pode ser um coautor em uma de nossas obras, nos mais variados segmentos do mercado profissional, e ter o reconhecimento na sua área de atuação, fazendo parte de uma equipe de profissionais que escrevem sobre suas experiências e eternizam suas histórias. A Leader convida-o a compartilhar seu conhecimento com um público-alvo direcionado, além de lançá-lo como coautor em uma obra de circulação nacional.

■ Transforme sua apostila em livro

Se você tem uma apostila que utiliza para cursos, palestras ou aulas, tem em suas mãos praticamente o original de um livro. A equipe da Editora Leader faz toda a preparação de texto, adequando o que já é um sucesso para o mercado editorial, com uma linguagem prática e acessível. Seu público será multiplicado.

■ Biografia Empresarial

Sua empresa faz história e a Editora Leader publica.

A Biografia Empresarial é um diferencial importante para fortalecer o relacionamento com o mercado. Oferecer ao cliente/leitor a história da empresa é uma maneira ímpar de evidenciar os valores da companhia e divulgar a marca.

■ Grupo de Coautores

Já pensou em reunir um grupo de coautores dentro do seu segmento e convidá-los a dividir suas experiências e deixar seu legado em um livro? A Editora Leader oferece todo o suporte e direciona o trabalho para que o livro seja lançado e alcance o público certo, tornando-se sucesso no mercado editorial. Você pode ser o organizador da obra. Apresente sua ideia.

A Editora Leader transforma seu conteúdo e sua autoridade em livros.

OPORTUNIDADE
Seu legado começa aqui!

A Editora Leader, decidida a mudar o mercado e quebrar crenças no meio editorial, abre suas portas para os novos autores brasileiros, em concordância com sua missão, que é a descoberta de talentos no mercado.

NOSSA MISSÃO

Comprometimento com o resultado, excelência na prestação de serviços, ética, respeito e a busca constante da melhoria das relações humanas com o mundo corporativo e educacional. Oferecemos aos nossos autores a garantia de serviços com qualidade, compromisso e confiabilidade.

Publique com a Leader

- **PLANEJAMENTO** e estruturação de cada projeto, criando uma **ESTRATÉGIA** de **MARKETING** para cada segmento;

- **MENTORIA EDITORIAL** para todos os autores, com dicas e estratégias para construir seu livro do Zero. Pesquisamos o propósito e a resposta que o autor quer levar ao leitor final, estruturando essa comunicação na escrita e orientando sobre os melhores caminhos para isso. Somente na **LEADER** a **MENTORIA EDITORIAL** é realizada diretamente com a editora chefe, pois o foco é ser acessível e dirimir todas as dúvidas do autor com quem faz na prática!

- **SUPORTE PARA O AUTOR** em sessões de videoconferência com **METODOLOGIA DIFERENCIADA** da **EDITORA LEADER**;

- **DISTRIBUIÇÃO** em todo o Brasil — parceria com as melhores livrarias;

- **PROFISSIONAIS QUALIFICADOS** e comprometidos com o autor;

- **SEGMENTOS:** Coaching | Constelação | Liderança | Gestão de Pessoas | Empreendedorismo | Direito | Psicologia Positiva | Marketing | Biografia | Psicologia | entre outros.

www.editoraleader.com.br

Entre em contato e vamos conversar

Nossos canais:

Site: www.editoraleader.com.br

E-mail: contato@editoraleader.com.br

📷 @editoraleader

O seu projeto pode ser o próximo.

EDITORA LEADER